人生を戦うための武器の作り方

20年後からの
未来手紙が
今のあなたを強くする

高山綾子
Ayako Takayama

ビジネス社

人生を戦うための武器の作り方

はじめに

私は恋愛依存でした。

自分で決めた別れでも、寂しくなって彼のところに戻りそうになってしまったり、胸が苦しくなって、耐えられない喪失感で気が狂いそうになってしまったり。

そんな気持ちから脱出したくて、たくさんの方法を試しました。自分を奮い立たせる方法や、元気を出す方法などについて書かれた本やＤＶＤもいくつか試しました。けれど、市販された言葉では私の心に響きません。「そうそう！　そうなのよ！」と思える、自分に合ったものは売っていないのです。

「それならば、自分専用のモノを作りたい」

私はさまざまな方法を試し、「ＳＦＡ（Solution Focused Approach）」というカウンセリング手法からヒントを得て、「自分へ手紙を書く」という方法にたどり着きました。

「SFA」というカウンセリング手法は、カウンセラーが、「もし、五〇歳のあなたがタイムマシーンに乗ってやってきたとしたら、どのように声をかけてくれるでしょうね?」と質問することで、カウンセリングの場面に未来の成熟した自分を登場させて、現在の悩みを解決しようとするものです。

通常のカウンセリングでは、過去を見つめてトラウマを分析したり、「過去こういうことがあったから今こうなっている」という部分に触れたりすることが多いのですが、この手法は未来にフォーカスを当てています。「過去を振り返っていてもしかたがないじゃないか。未来の自分だったらどうするんだ」というポジティブな視点に基づいて「元気の出し方」を探っていくのです。

これを発展させたのが「自分への手紙」です。

自分のことを一番良く知っているのは自分です。

自分の言葉というのは、他人からのただの慰めや同情、まやかしの言葉ではなく、「自分のことを本当にわかってくれる」「ちゃんと共感してくれる」言葉なのです。

未来の自分というのは、ちょっと大人になった「自分姉さん」「自分兄さん」です。二〇年後の、尊敬できる、憧れる存在になっているだろう自分自身を作り上げてその彼女・彼からあなたに手紙を書いてもらう。

彼女・彼から今の自分が受け取った手紙は、必ず心に響きます。未来の自分に励まされることで、私もやっと恋愛依存から脱出することができたのです。

もちろん、恋愛依存だけではありません。

・落ち込んだ時にモチベーションを早くあげたい。
・自信をつけ、自分を好きになりたい。
・元気・自信オーラが出ている「デキる人」になりたい。
・自分で自分のやる気を出せるようになりたい。
・毎日心が元気で気持ちが晴れやか、健やかでありたい。
・投げ出す、やる前から諦めるという状態を回避したい。

このような、頭ではわかっていてもなかなか実行できないし、持続することが難しいことに対しても効果があります。「未来の自分からの手紙」は心が折れそうになったときに、その気持ちと戦うための武器なのです。

私は昔、「不幸そう」「つらそう」に見られるのはかっこ悪いと思い、いつでも普通に見えるように、がんばって振る舞っていました。

でも、一人になった夜には、孤独感、喪失感、無力感でいっぱい。社会から「要《い》らない」と言われるのが怖い。でも、「要《い》らない」と言われている気がしていました。とてつもなく寂しかった。いつも心配で、不安が消えなかった。自己否定の塊《かたまり》で、考え方や捉え方は悲劇のヒロイン状態。一言でいうと、「生きづらかった」のです。

そんな私の心の状態には、生いたちや成長課程での経験が関係しています。私は、厳しい親に育てられ、高校生からホステスとして働き、がんを四回繰り返しました。また、二度の離婚を経験し、二人の息子のシングルマザーです。

波乱万丈な人生と思われるかもしれませんが、どんな過去があるにせよ、自分を悲劇のヒロインだと思ってしまうような人生は決して幸せではないと思います。

けれど、私は学び、行動し、変わることができました。

一生、幸せ感を得られないまま、「幸せな人はいいなぁ」と、うらやましがりながら生きるところだった私が、人生をやり直せたのです。

変わるためには長い期間が必要でした。卑屈に生きてきた期間が長かったので、簡単には変われなかったのです。頭ではわかっても、心がついていかないことが多かった。けれど、自己承認力を身に付け、自分で自分を励ます方法を知り、ここまで来ることができました。

そして、まだまだ私も勉強中ではありますが、『生きているのがしんどい人』、周りから見たら『幸せそう』『普通そう』でも実はつらい人――そんな自分のような人がたくさんいるはずと考え、その人たちの手助けをしたいという想いだけで独立しました。

三六歳の十一月「h-pol-ish」(Heart Polish「心を磨く」)を設立。

最初はフリーアドレスしかなく、ホームページもありませんでしたが、催事場に次々とメールを送り、異業種交流会に行きまくりました。

そして、小さなきっかけを摑んで最初の講演を開きました。さらに営業を繰り返し、少しずつ経験を積んでいく中で、経営者講演や企業研修にも声をかけてもらえるようになりました。講演を聴いた経営者が「うちの会社でもぜひ」と声を掛けてくれることもあり、従業員が会社の人事部に紹介してくれるということも多くなりました。

念願だった児童養護施設へのボランティアもできるようになり、愛息たちにも「こんな私に育てられている、私の子は絶対幸せや!」と胸を張って、心から言えるようになりました。

充実した、幸せな生活が出来るようになったのです。

親と過去は変えられない。でも、自分と未来は変えられます。同じことでも捉え方を変えるだけで生きるのが楽になるのです。

自分自身が本気で、「変わりたい！　幸せになりたい！」と感じ、行動しつづけられたら、誰だって必ず大好きな自分になって、幸せな人生を得られます。

そして、その過程で「つらいのに誰にも助けを求められない」と思ってしまう時には、自分に助けを求めてください。

・諦めそうになったときに励ましてくれる

・投げ出しそうなときに喝を入れてくれる

・頑張る自分を伴奏してくれる

そんな、あなたに響く言葉はどのようなモノでしょうか？　それを「どんな人」に言ってもらえば素直に聴くことが出来るでしょうか？

あなたを元気にする「あなただけのタメ」のアイテム、弱ってしまった心を支える武器「未来のあなたから手紙」を一緒に作っていきましょう。

もくじ

第二章 「手紙」の効果

第三章 「手紙」を書くために必要なこと

第四章

「手紙」の書き方

Date No.

第一章

「手紙」を書く理由

「自己承認力とは」

私は現在、「自己承認力コンサルタント」として活動しています。

「自己承認力」とは、自分を認め、「私はやれる」「私はイケてる」と自己肯定できる力。つまり、自信のようなものです。

ちょっとしたトラブルがあったり、何か月やっても努力の結果が出なかったりという状態のときには、「私、大丈夫かな」「向いてないんじゃないかな」と考え「もうやめてしまおう」と思ってしまいがちです。けれど、「いや、今はだめでも一年後にはできるだろう」「なんやかんや言っても成功できるだろう」「どう転んでいくかは自分で決めることができるんや」と、自分の能力を信じることができれば、やり続けることができます。すぐに投げ出したり諦めたりするのは、自分の能力を信じていないからです。この信じる力が「自己承認力」です。

自己承認力が身に付くと、自分の力を信じることができると同時に、周りの人たちを励ましたり、信じて待ち、「あなたは大丈夫だよ」と言ってあげたりすることもできます。

自分を認めることができれば、他人の良いところも妬《ねた》まずに認めることができるようになるのです。

このように「自己承認力」は自分自身を高める上でも、人間関係を円滑にする上でも「要」となるものです。

しかし、成長過程で褒《ほ》められた経験が少なかったり、親から肯定的なメッセージをもらうことが少なかったりという場合、心が満たされずに育ったため、「承認欲求」が強くなってしまいます。「褒めて欲しい」「認めて欲しい」という欲求です。

特に最近の若者は承認欲求が強いと言われますが、それは環境のせいでもあります。好景気を経験できず不況の中だけで育っているからとも言えるのです。仕事をはじめ、何をやっても結果がなかなか出ないため褒められるシチュエーションが非常に少ない、褒められる境遇にないということです。

褒められずに育った人は、「褒められるとどんなふうになるのか」「褒められるというのがどういうことか」ということを知ることなく生きて来ています。だから、自分自身で学ばなければ知ることができません。

自分が褒められたことがなければ、人のことも褒められません。「こんなのできて当然だ」

と言われて育つと、人にも「こんなのできて当然だ」と言ってしまうのです。自分で学び、育てていかなければ、自分も人も褒めることが習慣化できません。

できたところや努力したところは認め、褒める習慣を自分自身で養っていかないと、褒めることも褒められることもできず、幸せ感を得ることができないのです。

「自己承認力を高める」

「褒めてくれる人がいないからモチベーションが下がってしまう」

「人が認めてくれなかったから心が折れたまま」

そんな状態のままでいるわけにはいきませんよね。他人から「よくここまでがんばった」と認めてもらいたい、褒めてもらいたいと思っても、なかなか思うようにはいかないものです。けれど、誰も助けてくれなくても、自己管理していかなければならないのが大人。相手の反応によって気分が上がったり下がったり振り回されていたら疲れてしまいます。

では、どうやって自己管理するのでしょうか？

自己承認力を高めるには「自分で自分を褒める・認める」ということが一番です。自分の承認欲求を自分で満たすのです。

そのための方法としておすすめするのが、褒め言葉やねぎらいの言葉を、毎晩、自分で自分に言ってあげる習慣をつけるという方法です。いつでも思い立った時に言えばいいんですが、最初は「寝る前に言う」と決めるなど、習慣づける工夫をするのがいいと思います。

私はいつも、「すごくない？　私！」「私めっちゃイケてるわ！」「もってるで、私♪」と自分に言い聞かせています。自分のことを褒める。持ち上げる。「私デキる」「さすが私♪」というのを口癖《くちぐせ》にすることで本当にそうなるように刷り込んでいるのです。

自分にプラスの言葉をかけることを習慣化すると自分のモチベーションを保てますし、人にも同じような言葉をかけることができるようになるはずです。

けれど、心が折れているときに「私、すごい！」なんて思うのはとても難しいこと。

そこで、考えたのが「励ましの文章化」です。しかも、自分の痛みを誰よりも知っている自分からの、そして、今の自分より成熟している未来の自分からの「手紙」という形にしてみる。そんな方法を思いついたのです。

「生い立ちによる自己承認力の欠如」

私が「自己承認力」というものが必要だと気付くまでには、長い時間がかかりました。心理学を習い始めてからも、なかなか自分への確固たる信頼や自信が持てない。自己肯定ができない。「私はイケてる！」とは思えず、人の顔色をうかがうくせや、人から必要とされたい、「おまえじゃないとあかん！」と言われたい承認欲求は消えませんでした。

心理カウンセラーの勉強をしている中で「自己承認」は私にとって最も難しく、身につけるのもとても大変なものでした。それは、私の生い立ちに関係があります。

生まれて、物心ついたころから、私はとてもひがみっぽい子でした。

母は言います。

「そりゃぁ、お父さんは綾子のこと可愛がってたで」

けれど、何度そう言われてもうそにしか聴こえないほど、父にはいつでも全否定されていた記憶しかありません。

「うちの綾子は、ほんまとろくて、何でも遅いんですよ」とけなされ、罵倒されて育ちました。

「お宅の綾ちゃん、絵が上手やね」と言われても「そんなことおまへん。逆上がりも出来ませんもん」とすべて否定。

父の謙虚さは、わが子を落としめる「謙遜《けんそん》」でした。自分の子は落としめ、よその子を褒めるのが当然だと思っていたようです。おかげで私はどんどん卑屈に、そしてひがみっぽくなり、よその子が少しでも褒められると「たいしたことないのになんで褒められてんねん。あほらしいっ！」と、ムカついていたのです。

父をうらみました。大嫌いでした。

しかしながら、今になって思えることは「父親も、そのように育てられたであろう可能性が高い」ということ。今なら父もつらかったのだろうと思えます。

イベント好きの父は私のお誕生会を毎年盛大に行いました。絵を書くのが得意な父が看板やポスターを作り、食事は母が店員さんになったチケット制のお店屋さん形式。お友達にはうらやましがられ、「綾ちゃんいいなぁ。お父さん絵うまいなぁ。私もこんなんされたいわぁ……」といつも言われるような、趣向を凝らした、エンターテイメント性がある、とても盛り上がる誕生会でした。

けれど、それらは父の自慢のタネでしかありませんでした。父にとってのうれしいことは、自分がお友達に褒められること。これは私のためではない、父自身のための豪華な誕生会なのです。

私は自分の誕生会なのに父の目に触れないようにしていました。なぜなら、そこでも話題は「私をなじる」ものだったからです。

「綾ちゃん、お誕生日やなぁ。おめでとう」と言われても、父が出てきて「そうですねん。せやけど、いつまでたってもアホですわ」と、否定。

「綾ちゃん、大きなったねぇ」と言われれば、「いえいえ、たいしたことあらへん。がりがりで、よぉ太れませんわ」

そんな状態なので、「目立たない」＝「何も言われない」という状態を平穏としていました。

本当は目立ちたがり屋なのに、父がいるときは身を潜めたかった。私は父にこんなイベントを張り切ってもらうよりも、なじらないでほしかった。話を聴いてほしかった。何でもいいから褒められたかった。人の心は分かりませんね。心をこじ開けてみるわけにはいかないから。なじられるってどれだけ屈辱か。「父がいなかったらいいのに」「なんで私はこのうちの子なんやろ」といつも思っていました。

幼稚園の頃、親戚のおばちゃんに大きなクーピーのセットをプレゼントしてもらったことがあります。私はうれしくて、使うのがもったいなくて、眺めてはしまい、を繰り返していた宝物でした。

あるとき、父の知人が家族でわが家に遊びに来ました。恒例だった家族パーティです。私は同じ年の子供と仲良く遊び、大人は皆お酒を飲み、歓談していました。

そんな中、私がその場を離れていた間に父が、

「これ、綾子は使ってないからあげるよ。お土産や♪」と言って、その「大事に置いとんねん状態」のクーピーを知人の子供にプレゼントしたのです。ありえない！　信じられない！

それに気がついた私は、泣いて泣いて、「なんであげるんよ！」と怒り、叫びました。

しかしながらプライドの高い父が、一度気前よくプレゼントしたものを引っ込めることはなく、私をつねり、叩き、「綾子のことは気にせんでいい。持って帰りぃな」と、よその子には「良い人」となって、そのままプレゼントしてしまいました。

よその子にだけではなく、私と弟への対応にも大きな差がありました。

三つ下の弟は、小学生になると父の勧めで野球団に入りました。練習をがんばり、父の教えに忠実な弟は、叱られもしましたが、すごく褒められもしました。野球が共通の趣味となり、父はそれを生きがいと感じ、弟が可愛かったようです。

毎週土日は一家総出で野球。当番や試合の応援にとそれは熱心な両親。野球で団結する三人。疎外感を味わう私はいつも一人でした。

弟は、顔立ちも可愛く素直な子でした。父と共通の野球という趣味もあり、殴られる回数は私の半分以下。私は、叱られるたびに父をにらみつけて、「大人やから、力が強いからって、叩きやがって！」と、反抗しまくりましたから余計に父の神経を逆なでし、倍ほど殴られ、蹴られたわけです。ひとつ叱る種が見つかると、あれもこれもと因縁をつけて、雪だるま式。ご飯をこぼしたら殴られ、「大体お前は、食べるのはトロいし、言うことも全然きかへん！　それで生意気で弟よりも走るんは遅いし……」と、とめどなく殴る、蹴る。そして罵倒され、弟と比較されました。

だから、罵倒されにくい、殴られにくい、「お前はええ子やなぁ」と褒められる、弟がうらやましかった。妬《ねた》み、憎んで、私は弟を虐《いじ》めました。弟さえいなければいいと思いました。そうすれば私が可愛がられるのに、と。「あかんこと」と、わかっていてもやめられなかった。だって、私、可愛がられたかったもん。

父が嫌い、父が悪い、誰も私を必要としない、なにをやっても褒められない。私なんて、いなくなりたい。生まれてきたくなかったのに。勝手に産みやがって……。

こんなことばかり考えていました。

道路を歩いていると「端を歩け！」と蹴られたり、外食をしていると「静かにしてさっさと食べろ！　よそ見をするな！」と殴られたり、食事会で私が早く食べ終わり、大人がお酒を飲んでだらだら食べるのでひまを持てあまして落ち着きがなくなると、「まだみんな食べてるやろ！　静かに待て！」とみんなの前で外に放り出されたり。

私の父の教育方針は「他人に迷惑をかけてはならない」が第一でした。

この部分は特に厳しく育てられました。

「スパルタや。言うてわからんものは、叩かなわからん」と、すぐに殴り、蹴り、家から放り出し、あげくは私を物置小屋に監禁しました。

あの時、「私のことは憎くてどうでも良くて、他人に迷惑をかけないことが絶対。他人が大事なのだ」と感じました。「お前なんか生まれてこんかったらよかったのに。失敗や」とよく言われていましたしね。

目立ちたがり屋だけど、卑屈。被害者意識が強く自傷行為も何度もするような私は、小学生の頃からずっと、クラスみんなの嫌われ者でした。

「なんで私は好かれないんやろ……」と、内心は悲しい。そして、心配されたくて、気にかけてもらいたくて、「死んでやる！」と校舎の二階から飛び降りるパフォーマンスを繰り返しました。そう、パフォーマンス。死ぬ勇気なんてない……。

「大丈夫？」「お前が死んだら困る！」「生きててほしい！」と、言われたかったのです。誰も言ってくれなかったけれど。

先生から見てもかなりの問題児で、両親はよく学校から呼び出されていました。

「人の話を聴きません」

「授業を聴かず、みんなと足並みをそろえません」

「人の悪口ばかり言います」

扱いにくい、やりにくい子だったと思います。他の親御さんからも苦情の電話がよくありました。かなりの意地悪で、ひがみっ子でしたから。

呼び出しを受けた両親にいつも感じていたことがあります。彼らは第一声、すぐ謝るんです。

「すんません。またうちの子が何かしましたか？」

小さいながら、私にも言い分や思いはありました。でも、両親はそれを聞かないし問わない。私に興味がなくわが子を信じていないことの現れでしょう。

「どうして、そんなことしたの？」という問いはなし。やった事実だけ問い詰められ、原因は聞いてもらえなかった。

何か問題や悪いこと、もめ事があれば「すべて綾子が悪い。綾子のせい」という言い方をしながら物事を進めるのです。屈辱でした。

弟をかわいがり、姉の私はほったらかし。ちょっとしたことでは褒められず、できなかったことは厳しく怒られる。そんな幼少期の私。

今なら言えます。

「がんばってるね。偉いね」と。

あのとき、今の私からの手紙があったらどれだけ救われたか。自分の苦しみをわかってくれる響く言葉を得ることができたらどれだけ勇気づけられたことか。「自己承認力」も自然と身につけることができたのに。

けれど、「こんなふうに言ってくれる人が欲しかった」といくら思っても言ってくれる人は現れません。自分で言うしかないのです。今の私ならあのころの自分に、このような手紙を書いてあげると思います。

幼少のとき欲しかった手紙

「幼い小学生の私へ」

頭ごなしに怒られて悔しいよね　悲しいよね
話も聴かずに「一方的に悪い」と決め付けられて、腹たつやんなぁ
話そうとしても聴いてくれず、大声で怒鳴られるから、負けてしまうよなぁ
「大人だから偉い」ってわけじゃないのにね

あなたにもあなたの意見があるのに、
言えないまま封じ込められて自分の心の中に貯めて、貯めて、しんどいよね

あなたをわかってくれる人が居たらいいのにね
褒めてくれたり、「かわいい」って、何をいっても受け止めて抱きしめてくれたり、
間違ってることは諭して、叱ってくれる、そんな人が居たらいいのにね
そんな人がいたら強くなれる、頑張れるのにね
自分の好きな事、話したいこと、いっぱい、いっぱいあるのにね

こんな状況の中でよく頑張ってるよ　本当によく頑張ってる　偉いよ　すごい

きっと今の苦しさは報われる
きっと今の悔しさは報われる
きっと今の腹立たしさは報われる
今の経験は力となる　あなたの厚みとなる　引き出しとなる
将来、人の気持ちがわかる大人になる

大丈夫　きっと大丈夫　絶対大丈夫　絶対大丈夫
あなたは、こんな経験をしているからこそ強い人となる　人間力が厚くなる
人の気持ちが人一倍わかる人となる

今の経験はムダじゃない　ムダじゃない　絶対ムダじゃない　活かせるものとなる
だから今は頑張って　頑張り過ぎないように頑張って
あなたを保てるように頑張って
陰ながら全力で応援しています　あなたの事を心から応援しています

四〇歳の大人になった高山綾子より

Date . . No. -

第二章

「手紙」の効果

「つらい自分をわかってあげる」

落ち込んだ時に自分を励ます武器である「二〇年後の自分からの手紙」。

これは具体的にはどんなときに必要なのでしょうか？

例えば、子育てに疲れたとき。

「面倒だな」「放棄してしまいたいな」「子供なんて産まなければよかった」などと考えてしまうこともあると思います。けれど、どんなにつらくても、やり続けなければならないことです。ついイライラしたり怒ったりしてしまうことがあっても、できることなら健やかに、穏やかに子供と仲良く過ごしたいと誰もが思っているのではないでしょうか。

ベストを尽くして取り組んだ仕事でミスをした時も同じです。一生懸命準備をしていたものであればあるほど悔しいはずです。もっと確認し、精度を高めなければいけないのだけれど、「またミスをするかも」と思うと、仕事自体が怖くなってしまいます。

資格の勉強をしているのに成績が上がらない時には、「難しそうだから試験を受けるのはやめようかな」「塾に行きたくないな」などと諦めてしまいそうになるかもしれません。

けれど、続けなければ意味がないということも自分でわかっているはずです。

このような時、自分の心を健やかに保つために、「自分への手紙」が効果的です。

この手紙は、二〇年後の頭も考え方も経験値も成熟した自分からのメッセージです。

「自分姉さん」「自分兄さん」に、「今すごく悩んでいます」とか、「すごく生きているのがつらい状態です」と相談したら、どんなアドバイスや、慰め方で励ましてくれるだろう

——そう考えて書く手紙です。

「もう十分がんばってるよ」

「少しづつだけど前に進んでるはずだから大丈夫」

「継続してて偉いよ。続けることが大事なんだから」

などなど、自分が言われてうれしい言葉、救われる言葉が出てくるはずです。

同じ言葉でも他人から言われると「あんたに私の何がわかるねん」と思ってしまうこともあります。けれど、自分が言うのだから心に刺さる。「私のこと良くわかってくれているね」と納得できるはずです。

例えばこのような手紙です。

子育て中のママの場合

「三五歳の家事、育児、仕事　目いっぱい頑張っている私へ」

ずっとがんばってるから、疲れたんやんなぁ
一生懸命やってるもんなぁ　家事、育児、仕事……
やる事が多すぎて、いっぱいいっぱいになるよなぁ　わかるわぁ
やってもやっても、上手くいかなかったり、終わらないと、イヤになるよなぁ

でもなぁ　私見てるけどなぁ、
あなたはほんまによく頑張ってるよ　めっちゃ頑張ってる
そりゃあ投げ出したくなるときもあるよ　辛いときもあるよなぁ
だって、やらないとあかんことが多すぎやもん

だけど結局は自分でやるしかないしなぁ
だってあなたは、放り出せないやろ
脱走したいと思っても、実際、できないやろ

思いだしてみて
上手くいってる時　あるでしょ
楽しいやん　嬉しいやろ　そんな時のあなたはイキイキしてるで

どうせやりきれるよ
だってあなたは抜け出せない　放り出せない　捨てられない
真面目で、優しい人やから

頑張り過ぎないように、頑張って
陰ながら心から応援してるわ
休憩も必要やで

あなたなら大丈夫　あなただから大丈夫
あなたは優しい人だから
あなたは強い人やで　やりきれる力がある ええ女や
私はあなたの事を良く知ってる
あなたは大丈夫　あなただから大丈夫　絶対大丈夫 本当に大丈夫
陰ながら全力で応援してるからね

一緒にこつこつやっていこうな
ゆっくりあなたが休めますように

子育てが終わり俯瞰《ふかん》的に観られるようになった五五歳の自分より

仕事で疲れている人の場合

「部下を育てつつ自分の仕事でも結果を出さなくてはならない
二代目次期経営者の自分へ」

社長（父）には、「甘い。お前はまだまだだ」となかなか認められず
部下からは「社長の息子」として、色眼鏡で見られ、
皆からは「安泰ですね。すごいお父様ですものね」と根拠なく言われ……

なかなかあなたの心の中をわかってくれる人はいないよね
「やってられない！」と思うこともあるよなぁ　わかるよ　そりゃそうや

あなたはあなたなりに精一杯頑張ってる　やることやってる
誰が何を言おうと私は知ってる　観てるよ

このペースでいい
こつこつやれてる　確実に進んでる　前進してるで
焦らずやり続けること　自分のペースを守り、やり続けること

あなたは真面目でいつも一生懸命で　責任感の強い人
家庭も大事にして、奥さんも子供も幸せにしてる
出来てるよ　良い夫、優しいパパやで　努力もしてるやん

体と心を大切に
頑張り過ぎないように頑張って
私はあなたの味方です　いつも味方です　絶対味方です
陰ながら全力で応援しています

経営者になり三代目へ世代交代しようとしている六九歳の自分より

資格の勉強に挫折しそうな人の場合

「仕事をしながらＴＯＥＩＣ八〇〇点を目指す二五歳会社員の自分へ」

ほかにやることも、やりたいこともたくさんあるのに
勉強の時間を作るって難しいよなぁ……
日々の仕事だけでも忙しいでしょ
勉強の時間を取ったとしても、眠くなったり、集中できないこともあるよなぁ
やり続けることが難しい　投げ出しそうになる
なかったことにしたくなるときもあるよなぁ　わかるわぁ

そんな中「勉強しよう！」と決めて
机に向かおうとする　向かっている
あなたはすごいよ　頑張りやさんやなぁ　自分を律する力のある人や

たまには息抜きしてもええやん
そんな日も必要　そんな時間も大事
走り続けてたら息切れするで
休んでもええねんで

頑張り過ぎないように　頑張って
ＴＯＥＩＣ八〇〇点クリアした時をイメージしてみて
その時　どんな自分がいる？
自信に満ちた　一皮むけたあなたが
笑って　頑張って成し遂げたプロセスを語ってるんちゃう？

そんなあなたに出会うために今がある
あなたは大丈夫　あなただから大丈夫
あなたは芯が強くてやりきる人だから　デキる人だから

陰ながら全力で応援しています
私はあなたの味方です
頑張り過ぎないように　頑張って

充実した会社員人生を送り、定年間近の五九歳の自分より

「わかってくれる人がいる」ということはあなたが想像している以上にストレスを軽くしてくれることです。そういう相手に「話すことができる」という状況があるだけで、心は軽くなっていきます。

他人にはなかなか話せないこともあると思います。自分の中で消化しないといけないこともあります。そんな、もやもやした気持ちを「自分姉さん」「自分兄さん」に話し、手紙で答えてもらいましょう。

あなたはどのようなときに、つらいと思いますか?

あなたがこのような「手紙」を必要とするのは、どのようなときでしょうか？
私が一番手紙を必要としていたのは、四度目のがん治療のときでした。

「手紙が必要だった私とは」

二十五歳の十二月二十五日。午前九時に大阪総合医療センターで、私は四度目の子宮頸《けい》がんを宣告されました。

中学二年生で初潮が来たときは、「女になれた！」とうれしかったことを覚えています。しかしながら、生理はとても不順でした。始まるとずっと止まらなくなってしまったのです。原因は、「身体に比べて子宮が未発達」ということ。ずっと生理が続き、いつも貧血。婦人科に毎週通い、増血剤を打ち、ピル、黄体ホルモン、らんぽうホルモン、点滴、ありとあらゆることを試しましたが、なかなか治りませんでした。婦人科の先生たちとお友達状態です。洋式便座をひっくり返したような格好で受ける診察、その頻度の多さ。いつまでたっても慣れず、屈辱と恥ずかしさでいっぱいでした。

婦人科通いの日々の中、最初の子宮頸がん発覚。その日のうちにレーザーで焼くことになりました。手術自体はあっという間の出来事でしたが、とても怖かった。でも、これさえ乗り越えれば、という気持ちで乗り切りました。

しかし、再発。

「え、またなん？　私、死ぬんやないか？」

これで本当に大丈夫なのか、また同じことが起きるのではないか、という不安のまま、二度目のレーザー手術を受けました。

そして、三度目のがんの発覚。

今度は円錐《えんすい》切除。膣内の細胞を、大根のかつら剝きのようにそぎ落とし、止血のために膣内を焼くという手術です。

毎回、手術前は必ず、毛剃が行われます。女性の看護師さんが大きな業務用のかみそりで剃ってくれるのですが、足を開いてカエルのようになり、これ以上にない恥ずかしさ。手術前の巨大な浣腸もお決まりです。これもとても恥ずかしい行為でした。

繰り返すがんは怖い。手術も怖い。これで終わって欲しい。

けれど、がんとの闘いは終わりませんでした。

生理不順も治らず、毎月の定期健診は欠かせませんでした。毎回、結果を聞きにいくのが怖くてたまらなかったその中での、四度目のがん発覚でした。

「残念ですが、再発しています。これが最後になります。この手術で子宮を全部摘出するか、ＰＤＴ（光線力学的療法）という光学的治療があります。ＰＤＴなら子宮は温存できますが、とても苦しい治療です。

まず注射をして、暗室でレーザーを転射して手術します。一か月は暗室での生活です。窓もすべて目張りし、テレビも光るので禁止です。

明かりはすべてダメなので、雑誌も読めませんし、スイッチなど光るものもすべてガムテープで覆います。完全に光を浴びてよくなるのは半年後くらいからです。注射してから、半年くらいは、全身日焼け止め、化粧は必須です。

退院直後は宇宙服のような光を遮断《しゃだん》する特殊な服を着てもらいます。それしか、子宮温存の道はありません。

子供が将来ほしいならＰＤＴを受けてできるだけ早く赤ちゃんをつくってください。これを逃すともう無理です」

「……PDT、受けます……」


四回目の再発。

クリスマスの朝。

目の前は真っ白になり、呆然としました。

「なんでまた私なん……。私がなにしたっていうん……」

怖くて、悲しくて、腹が立ち、「そんな苦しい思いをするならいっそ殺されたい」「私の人生、嫌やなぁ……」と、泣きながら家に帰りました。

「仕事行きたくない……。笑えない……」と思いましたが、このクリスマスはただのクリスマスではありません。その頃の私は新地でナンバー・ワンのホステスのクリスマスといえば、ノルマが一年で一番かかる日。同伴、同員、売上ノルマがめちゃくちゃかかっていましたし、予約も取りまくっていました。まさにパンパン。こんなときに休んだら罰金がすごい。

「あかん。休めない……」

子宮がんの初期は、自覚症状がまったくありません。ですから体はなんの問題もなく動けるのです。責任感だけで、心ここにあらずのままタクシーに乗りました。

美容室で抜け殻《がら》のようになりながら化粧をして、気合を入れました。

「私を誰やと思ってるねん！　新地の梨乃や！」（『梨乃』が当時の源氏名でした）

自分に言い聞かせてお客さんとの待ち合わせ場所にいきました。

「この日を待っていました！　なんて楽しいクリスマス♪　お客様、来て下さって嬉しいです！　私、最高に幸せ！」

このように思い込み、境遇とは逆に明るく振る舞い、精一杯の仕事をしました。

その日、店が終わると、不思議と元気でした。本当に楽しかったのです。店は満席で売上も最高。達成感と満足感で、感無量。これ以上ない幸せな気分でした。なんとかこの一日をこなした自分。子宮がんがなんだか他人事に思えました。

暗くしていても状況が変わらないなら、あえて笑うということ。通常、「楽しいことに脳が反応するから笑う」のですが、苦しいときに「笑う」ことで脳は楽しいのだと勘違いして誤作動を起こし、本当に楽しくなるのです。私は当時、心理学やメンタルトレーニングの知識は全くありませんでしたが、この日、偶然に実体験しました。しかし、意識的にこういったことができるようになるには、まだまだ時間がかかりました。

当時の彼氏Aさんにがんについて話すと、仕事を辞めて結婚し、子供を産むことにしようといわれました。

「こんな病気持ちでやきもち焼きのどうしようもない私に、なんて優しい人なんだ」と、言葉に出来ない感謝と、大好きな気持ちでいっぱいでした。

自分は子供時代、親のことが大嫌いだったので、家族をつくることに自信なんてありませんでした。私に子供を可愛がることができるのかと不安でしたが、Aさんが大好きで決意しました。Aさんと血のつながった子供が欲しかった。

私の誕生日である、三月十五日でホステスを辞めることを決めました

店からは一〇〇日契約の契約金をもらっていました。ナンバー・ワンホステスは、他店からスカウトされ、引き抜かれないようにまとまった契約金をもらい、縛られることが多いのです。私は契約がまだまだ残っていたにもかかわらずこの事態。契約違反は三倍返しが鉄則でした。

「ママにお金返せと言われるやろなぁ……」と、覚悟して話しました。

「ママ、私、お店辞めるわ。奥さんになるわ。子宮があるうちに子供産むわ。でも、契約

が……」

「梨乃、お前は本当にがんばってくれた。契約金は結婚祝いや！　持っていきぃ！」

「ママ、ありがとう……」

新地でホステスを始め、スカウトで店を移ること三店目で出会ったクラブ「西山」（現クラブ「ＺＥＲＯ」）の西山ママ。

お客さんからも、ホステス仲間や私がよく行く洋服屋の社長からも、「やめときぃ」「厳しいで」「ノルマすごいらしいで」「ママ恐ろしいで！」と言われ、それでも自分の「イケる」という直感を信じて入った店でした。

今でも私は「西山」に入って、西山知子ママのもとで働けて本当に良かったと思っています。


誕生日を華々しく迎え、ホステスを辞めました。同時に入院闘病生活の始まりです。

ＰＤＴの注射を打ち、二日後に手術。

蛍光灯の光を浴びても火傷するような体に調整し、光を転射します。その当時、まだ全国で一〇〇例くらいしか実施されていない手術方法で、大阪総合医療センターに大学研修医がずらりと並び、私は実験材料のような状態でした。A4の画板にノートをはさみ、私の脚を開いた向こう側でメモを取りながらの実習兼手術。三時間ほど脚を開きっぱなし、見られっぱなし。

私の格好は顔まで覆われた全身黒タイツ。光を避けるための格好で、あそこの部分のみ切り取られて光を転射出来るようにしたなんとも不気味なものでした。麻酔はなし。意識はすべてある状態での手術でした。ぬい傷はありませんが、あそこがカピカピに乾き、数週間ひどい痛みがとれませんでした。

入院生活は手術以上の地獄でした。

二重カーテンで光が入らないように工夫された部屋。ワンルームマンションのような個室で、シャワーや食べるものは自由でしたが、光が遮断されているのですべて手探り。

お見舞いの人が入室するときも、私が光を浴びないように一手間も二手間もかかりました。そんな環境の中では面会にも遠慮されて来てもらえなくなったり、来てもすぐ帰られたりしました。売店にもいけず、ひたすら孤独でした。寝るか食べるかしかないので一日がとても長く、真っ暗闇の中、気持ちまでどん底に落ち込みます。空気の入れ替えもできず、まさに独房です。

「さみしい。人と話したい……」

しかしながら、たまに面会に来てくださるお客さんや友達、看護師さんにも、「ぜんぜん大丈夫！　忙しいねんから、はよ帰っていいよ！」と、心にもないことを言う始末。かっこつけ、見栄っ張りです。

不憫《ふびん》な人とは思われたくない。同情はされたくない。こんな状況やのに「元気やなぁ」「すごいなぁ」「強いなぁ」と思われたい。弱みをみせたら負けと思っていました。

退院しても、外に出るときには夜中でも宇宙服のような遮光服を着ていきました。背中に扇風機が入った銀色の大きな服です。深夜のスーパーぐらいにしか出歩きませんでしたが、道行く人みんなに振り返って見られました。遮光服を着ずにすむようになってからも、長そでを着たり、手袋をしたり、つばの大きな帽子をかぶったりという期間が続きました。

大変な治療でした。

孤独でつらい入院闘病生活。この時期にお見舞いに来てくれた友達やお客さんは今でも神様に思えます。でも、このとき、もっと自分を励ましてくれる人がいたら。私が欲しいと思う言葉を私にかけてくれる人がいたらと、今でも思います。

病気のとき欲しかった手紙

「二五歳のクリスマスに四度目のがん宣告された私へ」

なんで病気になっちゃったんやろねぇ
どうしてまた「あなた」なんだろうね　よりによって「あなた」なんだろうね
他の人でもよかったのにね　この世の中たくさん人がいるのにね

病気は治るのかなぁ……また元気になるのかなぁ……
いつまで続くのかなぁ……本当に退院できるのかなぁ……
不安になるよね　仕事、自分の将来も気になって焦るよね
それでも「頑張って乗り越えよう！」と思える日と、
「もうダメだ……無理……」と感じてしまう日と、
交互にやってくるよね

こんな状況の中で、あなたは本当によく頑張ってる　すごく頑張ってる　偉いよ
みんなに笑顔を見せて気丈に振舞ってる
なかなか出来ることじゃないよ　本当にすごいよ

大丈夫　きっと良くなるよ　絶対良くなる
あなたが願えばきっと良くなる　そして今の経験は自分の宝となる　肥やしとなる
人がしていない経験を深く刻んだ引き出しとなる
人の痛みが人一倍わかる、相手の気持ちが汲める人間となる
そのために与えられた病気かもね

大丈夫　きっと良くなるよ　絶対良くなる
頑張り過ぎないように頑張ってね　私が応援してるからね　本当に応援してるからね

五〇歳の子育てが終わった高山綾子より

心が折れているとき、とてもつらいときに自分への手紙を書くと、涙が出ます。書いているうちに、「私はこんなことを思っていたんだ」「こんなことが私を苦しめていたんだ」と気がつくのです。心が整理され、自分が言われてうれしいキーワードや救われるキーワードがわかってきます。涙を流して吐き出すことで、心も体もすっきりします。

このように未来からの手紙は落ち込んだ自分を助けるための武器です。

では、落ち込む前に、今、がんばらなければいけないときにはどのようなアイテムが自分を助けてくれるのでしょうか？

どういったものがあれば元気の源になるか、モチベーションをどのように管理したらいいのかも少しご紹介します。

手紙を書くのが苦手な方も、まずはこういった方法を試してみてください。

「元気の源」

●写真を活用する

モチベーションの上がる写真というものがあります。それを見ると、なんだかうれしくなったり、癒《いや》されたり、わくわくしたり。その写真を撮ったときの楽しかった情景が思い出されるような写真です。

私の場合は、天職だと思っている充実したセミナー講師をしているときの写真や元気をくれる受講生との写真。私にとっての癒しスポットである渓谷の写真。そして、大好きで大切な子供たちの写真などがモチベーションの上がる写真です。

あなたにとってこのような写真を目に入るところに貼《は》っておきましょう。手帳、携帯、定期入れなど、良く見るところに入れて持ち歩くことで、自然とモチベーションを上げることができます。

私のモチベーションの
上がる写真です

●メールを活用する

もらってうれしかったメールは「うれしい」というフォルダに分けておきます。「誰から」「どこから」「業務ごと」などではなくて「うれしい」というフォルダを作り、彼氏からだろうが、上司からだろうが、友達からだろうが、全部そこに保存しておくのです。

そして、ちょっと仕事が上手くいかなかったときや、ぐったりと疲れた帰りの電車でも、すぐに読み返すことができる状態にしておきます。せっかくいただいたメールは大切にしまっておくのではなく、元気の素として使いましょう。

●ご褒美《ほうび》のリストアップ

ちょっとした空き時間にでもすぐ元気を出すための行動ができるように、自分が何をしたら癒されるか、元気になるかということをリストアップしておくことをおすすめします。リストアップするときは場面を分けておくとよりわかりやすくなります。

・一人編

本を読む。散歩する。○○を食べる。

・みんな編

○○さんと遊ぶ。○○ちゃんの店に行く。○○と買い物する。○○会に出席する。

・お手軽編

ネット通販で○○円まで買い物をする。近所のマッサージ一〇分。

・プレミアム編

エステに行く。ホテルに泊まる。旅行する。高い物を買う。朝まで飲む。遠いところに住む大好きな人に会いに行く。

●ご褒美を予定に入れる

リストアップしたご褒美を、定期的に予定にも入れておきましょう。予定は（仮）でかまいません。「予定に入れておく」ということが大切です。店を予約してしまってもいいと思います。キャンセルできないわけではないのですから。でも、予定を入れておかないと、そもそも「楽しいはずのこと」がなかったことになってしまいます。すると、仕事に忙殺されて「また遊べなかった」「今週も楽しい出来事がなかった」という日々を送ることになってしまうのです。

だから、「やらなければいけない仕事」だけではなくて「自分のやりたいこと」も予定に入れましょう。週に一度ぐらいご褒美が欲しいなと思ったら、毎週入れておけばいいし、一か月に一回ぐらい遊びたいと思ったら月一でいいんです。変更するのは簡単です。まずは予定として決めましょう。

●コルクボードを活用する

自分の目標を「見える化」しておくこともモチベーションアップにつながります。

私のパソコンデスク前に掛けてあるコルクボードにはアイコラ写真がたくさん貼ってあります。

情熱大陸の画像に自分の写真を貼ったり、ホンマでっかTVの画像に自分を追加したり、グータンヌーボーにも出ていることになっているし、ニュース番組のコメンテーターにもなっています。

息子には、「ママ、これ全部ウソの写真だよね。恥ずかしいからやめてよ」と言われましたが、「いやいやこれはね、ウソじゃないの。ママが目指していることで、だんだんこうなっていくという未来像なの。心配しないで」と説明して納得してもらいました。

また、今まで出会った人たちで「これは私にとってのキーマンになるな」と思った人の名前や、写真が貼ってあるコルクボードもあります。「この人に頼れば大丈夫」「この人には力を貸していただける」という人を貼り、ふと見たときに「あ、この人に助けてもらおう」「この人がいるんだから私は大丈夫だ」と思えるようにしておきます。

このコルクボードを見ていると、「この人たちが私を応援してくれているんだからがんばろう」「私にはこんなに味方がいる」「私はこんなに素敵な人たちに出会えるほど素敵な人間なんだ」と思えるんです。

コルクボード活用法

自分を元気にするための武器は多ければ多いほどいいと思いませんか？
自分自身で自分の気持ちをコントロールできるようになれば、未来のあなたも安心して今のあなたを見つめてくれるのではないでしょうか。

「さまざまな武器」

手書きの手紙は、ぬくもりを感じたり文字に個性が出たりと人間味あふれるものになります。履歴書や懸賞に応募するはがきでも「手書きの方が良い」と言われることがあります。

けれど、この未来からの手紙の場合は、「手書きでなくてはいけない」ということはありません。

この本の中ではわかりやすく「手紙」という表記にしてありますが、どのような道具を使っても、どのような形式でもかまいません。メールでも音声でもなんでも結構です。「封筒と便箋を買って手紙を書く準備をしなくちゃ」などと仰々《ぎょうぎょう》しく考えなくて大丈夫です。「便箋に書いて封をして」とか「切手を貼って投函して」という行為をする必要はありません。

私が手紙を書くときに使うのは、基本的にワード文書です。文章を削ったり並び替えたりするには、やはりパソコンが便利です。

けれど、例えば喫茶店などにいるときに、いきなり書きたくなったり心の中を吐き出したくなったりしたら、その場で紙をもらい、思ったままに乱雑に書いていきます。満員電車で紙を広げられなければ携帯のメモ帳に書くときもあります。

行動に移すとき、ハードルが高ければ「やろう」と思うだけで疲れてしまいます。あなたが、思い立った時にすぐ行動に移しやすいのはどのような道具でしょうか？「紙」であれば、まず紙にどんどん書いてみてください。携帯のメモ機能が書きやすければそこに、パソコンを開いた方が早いと思えばパソコンの中に、レコーダーに言葉を吹き込む方が楽であれば、それが良いと思います。

道具にこだわる必要はありません。あなたのライフスタイルに合わせて使い分けてください。自分の書きやすい、心中を吐き出しやすい、慣れた道具を使ってください。

書くことに慣れたら、「書くとき」の手軽さと同時に、「読むとき」の手軽さも考えてみてください。

「心が弱っているのはたいてい仕事帰りの電車。でも、電車で紙を広げて読むのには抵抗がある」というのであれば、携帯に書いてある方が読み返しやすいかもしれません。

「液晶で文章を読むのは、それだけで疲れてしまう」というのであれば紙に書く方が良いでしょう。

「子供が騒がしくてイライラする。文章を読んでも頭に入らない」というのであれば音声という方法もあります。「手紙を読んでくれている音声」を用意しておけば、寝ながらでも聴けますし、イヤホンをすれば周りが騒がしくても自分の世界に入ることができます。

この手紙は吐き出すこと、そして、読み返すこと、聴きかえすことが大切です。書いて、一時間経ってから、一日経ってから、一週間経ってからと、何度でも読み返しているうちに、「私はこんなことを感じていたんだ」「こんなことを言われたかったんだ」と自分の考えや想いを俯瞰的に見ることができるようになってきます。繰り返し繰り返し、何度も読み返すことができる状態にしておきましょう。

私は、この本の中にある手紙の部分を何回読んでも泣いてしまいます。完璧な手紙だと思っています。それは、自分のことだからです。自分が自分のために書いた手紙だからです。私が言って欲しいことを全部入れたものだからです。

あなたも、「あなたにとって完璧な手紙」を書いてください。そして、それを繰り返し読み、自分を励ましてあげてください。

Date No.

第三章

「手紙」を書くために必要なこと

「自分を知る」

自分に響く「手紙」を書くためには、自分のことを具体的に知ることが大切です。過去を知り、「あの時こんな言葉をかけてほしかった」「あのときこんなことを言われてつらかった」ということを明確にすることで、これからの自分をどうしていきたいのか、そのために「今」自分をどのように励ましていけばいいのかがわかります。

心理学用語に「人生脚本」と「ミッション」いう言葉があります。

「人生脚本」は幼少期に関わった大人に書かれていることが多いようです。両親、おじいちゃんおばあちゃん、先生かもしれないし、近所に住んでいた人かもしれません。自分を育ててくれた大人、よく関わっていた大人によって刷り込まれた「生き方」のことです。自分を必要以上に卑下《ひげ》してしまう、自信が持てないというのは、その脚本にそう書き込まれてしまっているからなのです。

「ミッション」とは、「使命」です。「使命」というのは、生きる目的や、価値観のことです。これは育ってきた環境とその中で書きこまれた人生脚本によって形成されます。幼少期の育てられ方によって、今後どのように生きたらいいのか、という「道しるべ」が無意識に決まってしまうのです。

「勉強して、いい大学に行って、いい会社に入らないといい人生を送れないんだよ」と言って育てられたら、それがその人にとっての人生の最重要事項になります。

「お前はダメな子だね」と言って育てられたら「ダメな子なんだ」と刷り込まれてその通りに生きてしまう。「私はダメだから、どうせ何をやってもうまくいかない」とか、「これもダメな気がするからやらない」ということになってしまいます。それらがあなたの生き方や価値観を決めてしまうのです。

けれど、この「使命」は何歳からでも変えることができます。「生きにくい」と思っている方は、刷り込まれた「人生脚本」によって自分の望まない「使命」が刻まれている可能性があります。まずはその状態を知り、「人生脚本」を書き換え、「使命」をコントロールしましょう。

「人生脚本」を書き直すためには、今の自分の人生脚本がどのように書かれているかを確認する作業が必要です。

「なんで私はこんな風に考えてしまうんだろう」と思うことを、「こういう育て方をされたからだ」「こういう言い方されてきたからなんだ」と見つめなおし、知る必要があるのです。

つらい過去がある人は思い出したくないかもしれません。けれど、ネガティブ癖のある人は、必ず過去にネガティブなことを言われていた経験があるので、これはとても重要な作業です。これを乗り越えて自分を変えましょう。そのように育てられてしまった自分を、書かれている脚本を、変えましょう。

あなたに刷り込まれた生き方を知り、使命を知るということは、生い立ちを知るところから始まります。あなたの歩んで行きたい方向は、自分でコントロールするのです。自分を励ます方向性もここから決まってきます。自分が今までどのような生活を送ってきて、何を望んできたのか、何を必要としているのかを明確にすることで、本当はどんな自分になりたいのかを知ることができます。

では、あなたの人生を振り返るために、まず、自分ヒストリー「自分史」を作ってみましょう。67ページの自分史作製年表を参考にしてください。

自分史作成参考例

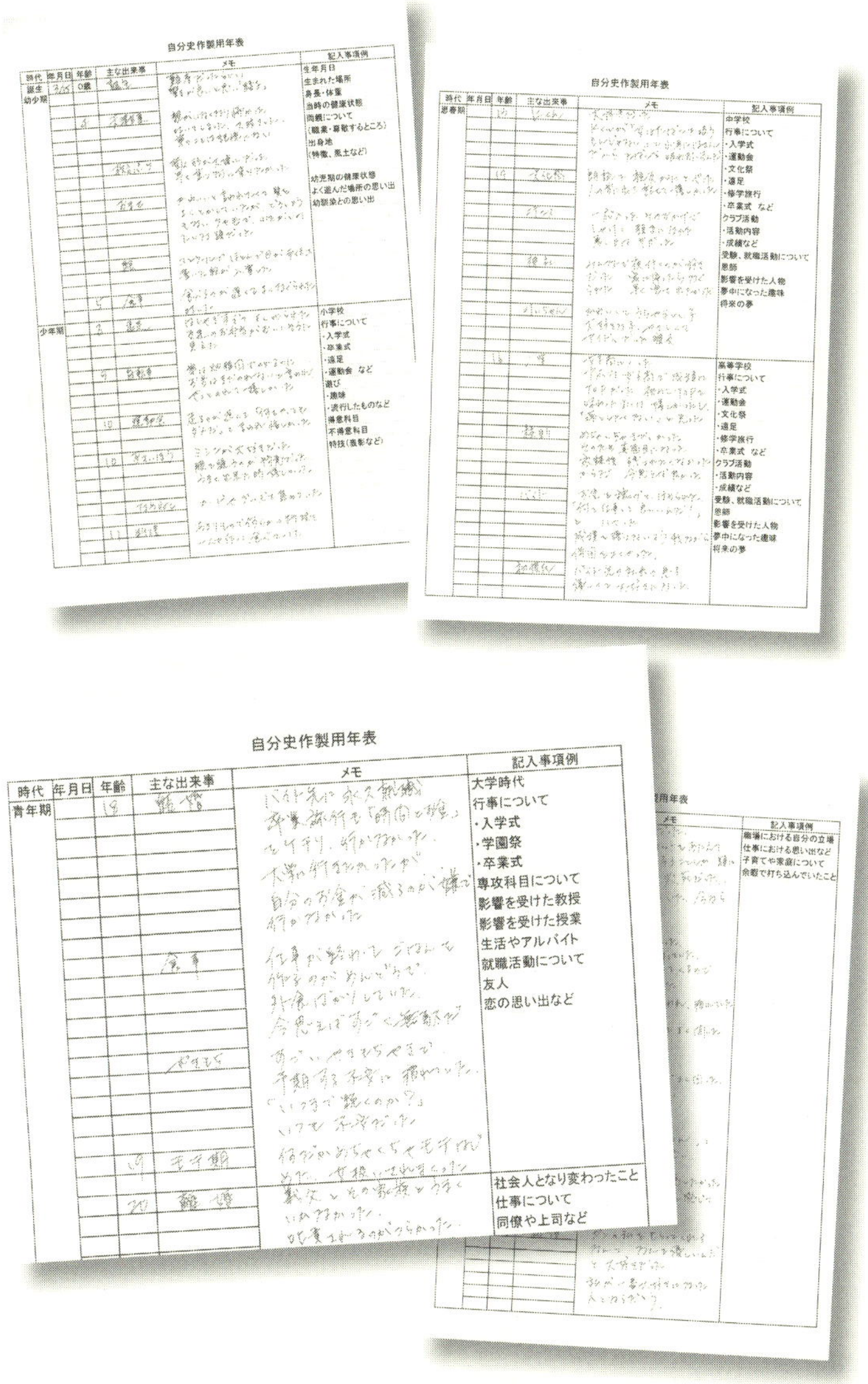

自分史作製用年表

時代	年月日	年齢	主な出来事	メモ	記入事項例
誕生 幼少期		0歳			生年月日
					生まれた場所
					身長・体重
					当時の健康状態
					両親について
					（職業・尊敬するところ）
					出身地
					幼少時の健康状態
					よく遊んだ思い出の場所
少年期					小学校
					行事について
					・入学式
					・卒業式
					・遠足
					・運動会など
					遊び
					・趣味
					・流行したもの
					得意科目
					不得意科目
					特技（表彰など）

自分史作製用年表

時代	年月日	年齢	主な出来事	メモ	記入事項例
思春期					中学校
					行事について
					・入学式
					・運動会
					・文化祭
					・遠足
					・修学旅行
					・卒業式など
					クラブ活動
					・活動内容
					・成績など
					受験、就職活動について
					恩師
					影響を受けた人物
					夢中になった趣味
					将来の夢
					高等学校
					行事について
					・入学式
					・運動会
					・文化祭
					・遠足
					・修学旅行
					・卒業式など
					クラブ活動
					・活動内容
					・成績など
					受験、就職活動について
					恩師
					影響を受けた人物
					夢中になった趣味
					将来の夢

自分史作製用年表

時代	年月日	年齢	主な出来事	メモ	記入事項例
青年期					大学時代
					行事について
					・入学式
					・学園祭
					・卒業式
					専攻科目について
					影響を受けた教授
					影響を受けた授業
					生活やアルバイト
					就職活動について
					友人
					恋の思い出など
					社会人となり変わったこと
					仕事について
					職場や上司など
					その頃の社会情勢
					恋愛について
					結婚式について
					新婚旅行の思い出
					家庭生活について

自分史作製用年表

時代	年月日	年齢	主な出来事	メモ	記入事項例
実年期					職場における自分の立場
					仕事における思い出など
					子育てや家庭について
					余暇で打ち込んでいたこと

自分史作製用年表

時代	年月日	年齢	主な出来事	メモ	記入事項例
熟年期					ベテランとしての立場
					仕事における業績など
					家庭に対して感じたこと

自分史作製用年表

時代	年月日	年齢	主な出来事	メモ	記入事項例
老年期					第二の人生に思うこと
					社会時代を振り返って
					これからの自分について
					社会に対して思うこと
					子供や孫に対して思うこと

いかがですか？

とても時間がかかるとは思いますが、この機会に自分の歴史をじっくりとたどってみてください。

「自分の人生を知る」

私の人生での大きな出来事は、二度の結婚と離婚。そして、大切な愛息二人の出産と育児です。

最初の結婚相手はバイト先の息子でした。

高校時代の私は実家が嫌いで嫌いで大嫌いで、結果、バイトにハマりました。

バイトに行けば居場所が出来るしお金がもらえる。四六時中、バイト、バイト、バイト……。お金の亡者、貯金通帳を見るのが趣味。

「お金ためて、家を出る！」という思いが反骨精神となり、睡眠不足もなんのその。寝る間も惜しんで必死に働きました。

最初のバイトはケーキ屋で、時給は四五〇円。その後も、蕎麦《そば》屋、居酒屋……。掛け持ちのダブル・トリプルは当たり前。人が足りないときはすすんで残業、休日返上しまくり。真面目に働いていたので、店長や先輩からは気に入られました。

「お金ももらえるし、可愛がってもらえるし、必要とされる、認められる！『あやちゃんのおかげで助かる』って言われまくる！　すごいで。仕事ってなんてええもんや！」と激ハマりでした。

バイトにハマり、お金を稼ぎ、必要とされる喜びを知った私は欲深くなり、水商売に手を出しました。

当時、日刊アルバイトニュースという求人誌がありました。その『ナイトページ』から探しました。

「定期で通える範囲がいいなぁ」と大阪の場末、京橋のパブラウンジを選びました。今までの時給四五〇円の三倍、時給一五〇〇円が目に留まり、年齢を偽って面接に行きました。もちろん親には内緒で。

面接は、即受かり、即働きはじめました。ママ、スタッフは優しく、お客さんは「女性」として扱ってくれます。初めて「女」と認められた気がしました。

平日の昼は学校。夜は京橋。

土日の昼は定食屋。夜は京橋。

週七勤務、いわゆる七勤でした。しかしながら、楽しくてたまらない七勤でした。

お客さんは大手のサラリーマン中心で、大衆的な店。良い人が多く、今までひがみっぽくて意地悪、かわいげのなかった私がモテモテに。ここで、初めてモテるということを体感しました。

ばら色。引く手あまた。そして、人生初の彼氏ができました。

一六歳にして初めての彼氏は、バイト先だったパブラウンジの息子Bさんで、当時二十歳でした。後に一回目の結婚相手となります。

五人兄弟の長男で、とても優しい人でした。お店ではマネージャーというポジション。他にお父さんである社長が不動産リフォームやかばん製造販売もしていて、少しお金持ちの家の長男という感じ。私にはとても落ち着いた大人に見えました。

業務上なのか、性格上なのか、優しくされてすぐに好きになりました。私から好きになり、告白し、初めてのお付き合いに飛び上がって喜んだことを覚えています。

「人を好きになり、彼氏ができるって、こんなにも毎日張り合いが出る！」

恋はみるみる私を女に変えました。

彼氏ができて順風満帆、と思いきやそんなことはありません。嫉妬《しっと》の嵐でした。

Bさんのことが好きになればなるほど、「私のことどれくらい好きかなぁ」「もう飽きたんちゃうかなぁ……」「こんな幸せ、続くわけがない。いつまで?」と、彼を信じられない毎日で苦しみました。

「起こってもいない未来への不安」です。

Bさんが可愛い女性のお客さんやスタッフの女の子と話したり、送迎（当時深夜は車で送迎でした）したりする際には、「あの女に盗られないか?」と、いつも嫉妬。

同時に不安・心配・焦りの嵐。

「こんな良い人が本当は私のことを好きなはずがない」

「いつ振られるんやろう」

「飽きられたら、捨てられたら、どうしよう……」

私は「好きでキュンとする気持ち」と「不安で毎日が怖いという思い」を併せ持つようになりました。そうかもしれないし、そうではないかも知れないことなのに。今思うと実にアホらしい考えです。しかしながら真剣に悩んでいました。

捨てられる心配をしながらの恋愛と、必要とされるために必死で働く私。自分で自分を追い詰めつつ生きていました。

バイトとBさんにハマりまくった私は、彼の部屋に転がり込み、その家から高校に登校。家に帰らなくてよくなり、夢のような現実でした。高校の学費は、親に「バイト代が入ってるんだから払え」と言われたので自分で払いました。それでも、実家を離れられた開放感と、バイト三昧《ざんまい》で金欲が満たされ、幸福感でいっぱいでした。貯金をしまくり、「自分のためだけに生きる」ということも体感をしました。

仕事をしつつ学業をこなすというのはキツかったのですが、充実感を得ていました。授業中は、ほとんど寝ていました。夏休みや冬休みは、夕方一八時から明け方七時まで働きました。

一八歳で高校を卒業。

私は、「Bさんを逃しては生きていけない」と思い、高校卒業と同時に結婚しました。けれど結婚こそゴールと感じていた一八歳の私には、苦難が待ち受けていました。

卒業式に親に挨拶し、夏に結婚式。大学にもいかず、卒業旅行さえ「時間とお金の無駄!」と感じ、休みもろくに取らず働き続けました。

婚姻届を出して、改めて大好きな人を「つかまえた!」と思った私ですが、毎日好きな人と一緒にいながらも、「結婚しても捨てられるのではないか？」と、実は未来への不安ばかりの毎日でした。

処女をささげた相手と結婚し、自営業跡取りの妻として世間一般の言う「幸せ」を手に入れた私。ところが、バイト時代はわからなかった重圧がのしかかりました。

バイト時代、社長であるお義父さんもお義母さんも皆やさしく、いつもニコニコしている人で、「よく働く子だ」とそれはそれは大事にされていました。無遅刻無欠勤の勤労少女でしたから。

結婚後、バイトは家業になりました。売上ナンバー・ワンとなり、求められるものが大きくなっていった気がしました。役職なし、お給料はそのままなのに仕事に質の高さが求められるようになりました。「家業、嫁だから次期ママに！　後継者に育てなくては」という状態です。

Bさんの家庭環境も複雑で、私はまた「家族」に悩まされることとなるのでした。

ストレスでたびたび急性胃腸炎、十二指腸潰瘍になり、救急病院に搬送される日々。

十六から水商売をはじめた私です。アルコールとストレスで心身ともにぼろぼろになり、優しいだけにみえていた夫がだんだん頼りなく思え、信頼できなくなり、ついに出社・登店拒否をするようになりました。夫の一族とすべてのかかわりをなくしたくて、家にひきこもりました。苦しい日々でした。

夫への愛情がなくなった私は、仕事への自信と男性から引く手あまたな現状に勘違いして高飛車になり、「こんな場末（大阪の京橋）のパブラウンジのナンバー・ワンで私は終わらんわ！　新地のクラブでナンバー・ワンになってやるっ！」と啖呵《たんか》を切って家を飛び出し、離婚。

十六で彼と知り合い、十八で結婚。二十で新地デビューし、数か月後離婚。

浅はかな、私の若いころでした。

離婚のとき欲しかった手紙①

「二〇歳の身体は大人で心は子供の私へ」

こんなはずじゃなかったよなぁ　一生一緒に居たいと思える人だと思ったのに……

「大好き」がずっとずっと続くと思ってたのにね

「この人！」と思ってもだめになることもあるんやね　知らんかったね

若気のいたりと言われたらそれまで
早まった、よく考えなかったといわれたらそれまで
だってわからんかったもんなぁ　上手くいくと思ってたもんなぁ

お姑さんと合わないのは仕方ない　合わせる力が足りなかっただけ
今から伸ばせば良い
むこうの兄弟と合わないのも、はじめて他人と距離が近くなり、
慣れなかっただけ　今後は活かせるものとなる

良い時間もあったから、大好きって気持ちにもさせてもらえたんだから、感謝やなぁ
結婚は本人どうしだけではなく、背景も大事ということが勉強になったよなぁ
良い経験や　ムダじゃない
必要だから神様が与えてくれた経験や　この経験は成長のために必要やったんやで

離婚を経て、学び、一皮向ける人生のドリルやったんや
ありがたいことと受け止めて、次に活かそうな　あなたなら活かせるからな

あなたなら大丈夫　また良い人が現れる　良い人生になる
あなたがあなただから大丈夫
自分を信じて、笑顔で居たら良いように勝手に転んでいくからな
心配せんと心と身体を休めながら進んでな

陰ながら全力で応援しています　あなたの幸せは私の喜びやで

四五歳の酸いも甘いも経験した高山綾子より

二十歳で離婚したあとは、実家の近くで一人暮らしを始めました。北新地のクラブで時給がいいところを探しまくって見つけた最初のお店は、時給四〇〇〇円のクラブ「Y」。

京橋のパブラウンジではナンバー・ワンでしたが、昇給した後も一五〇〇円しかもらっていなかった私は興味半分、怖さ半分で面接に行きました。

即採用となりました。「いつから来られる？」と言われ、すごくうれしかったのを覚えています。「可愛い！　あなたに働いて欲しい！」と言われたような気がしたからです。必要とされた、承認された気がしました。

翌日から出勤。お客さんは皆優しく気前がいい！　なんとそれが当たり前。たいした接客をしているようには、最初は思えず、「なんて楽な店なんだ」と感じました。高級な店、土地柄の良さ、数駅離れているだけこんなにも違うのかと、衝撃的でした。

たまには、サービスが行き届かなくてなじるお客さんもいましたが、「お金もらってるんやから」と、プロ意識から耐えるのは難しくありませんでした。

売上が増えてくると、ハイヤーと黒服を従えてお客さんの会社へ訪問したり、挨拶廻りをしたりするようになりました。朝から深夜まで働きました。強引なやり方でお客さんをつかんで店を移る。そんなことを繰り返して三店目のクラブ「西山」でも、毎日何かに追われているように働きました。

売上が上がっているときは天国、「自分はイケる！」と思えました。でも、同じように営業していてもお客さんが来ない日は落ち込みまくる。ママも厳しい人で、お客さんが来ない日は私への態度もそれは冷たいものでした。企業なので成果主義は当たり前ですが、胃の痛い毎日。そんな日は飲みまくって帰るか、家に帰っても一人で失意のどん底でした。この業界から「もう要らん」と言われた気になりました。その日暮らしの考え方で、長期スパンで物事を考えることができない自分でした。

ナンバー・ワンになってからは、自分のお客さんの接待以外では絶対残業しませんでした。毎日同伴出勤をダブル（二回）かトリプル（三回）こなしていたので、残業を頼まれても、「あんた誰に言うてるん！　私が何時から仕事してると思てるねん！　考えてもの言え！」と、怒り、言い返し、さっさと帰っていました。

そのころ彼氏になったAさんは、私の一目ぼれで付き合いだした人でした。めちゃくちゃタイプで、話していても波長が合い、楽しい、最高の人。しかも、なんと出会った当日プロポーズしてくれたのです！　夢のようでした。冗談だったのかもしれませんが、三日後には同棲し始めてしまいました。

そんな中、四度目のがん発覚。

つらい入院生活中もAさんは、毎日欠かさずお見舞いに来て、献身的に看病してくれました。私はAさんにだけには甘えて、当り散らすことができました。親にも心配はかけたくない、弱いところを見せるのは恥ずかしいと、弱音は吐きませんでしたが、Aさんには、「寂しい」「もっと会社休んで長時間ここ（病室）にいて欲しい」など、言いたいことを言っていました。

「スイカ食べたい！」「ミネラルウォーターじゃなきゃ嫌や」などのわがままも文句ひとつ言わず全部聞いてくれました。

病室は当時、携帯電話での通話ができない設定になっていて、つながるのは固定電話同士だけでした。Aさんは私がいつ電話をしても迷惑そうな素振りひとつ見せず、絶対に話を聴いてくれました。会社にかけても、いつかけても優しかったのです。

Aさんが、大好きでした。

そして、「こんな病気になって捨てられるんじゃないか」「本当に結婚してくれるんだろうか」「今だけ優しいんじゃないだろうか」「入院している間に他の女のところに行ってしまうんじゃないだろうか」といつも焦り、不安でいっぱいでした。

二十六歳、六月。指輪をもらい、籍を入れました。私は再婚なので、写真だけ撮って式は挙げませんでした。

　がんが再発したら産めなくなるからと焦り、計画的に子供を作り始めました。お腹に命が宿ったのは、子作りを開始してから一年。一年もかかったという感覚でした。

　つわりがひどく、体調は悪いし、孤独で気が狂いそう。友達と会っても気は晴れず、もやもやした妊婦生活ですることは買い物ばかり。Aさんは、「プラダのバック可愛いのあったんよぉ」と言うと、「我慢したら体に悪いから買いぃ」と言ってくれる人でした。仕事は順調で、その間は本当に優しい良い夫でした。

　二十七歳、七月二十日。眠っていた午前三時すぎ、お湯のような液体が流れました。

「……破水？」

　Aさんの仕事に差し支えてはいけないと一人で身支度をしていたのですが、「なにしてんねん」と目覚めたAさん。

　二人でタクシーに乗り病院に行くと、すぐ分娩室に運ばれました。

　陣痛は、最高にひどい生理痛のような感じ。それが波のように押し寄せ、だんだん痛くなる感覚が短くなりました。助産師さんや看護師さんは私を励まし続け、とても献身的に接してくれました。痛みを感じながらも、「やっと生まれるんだ」と子宮がんを繰り返した過去を走馬灯のように思い返していました。

朝六時、超安産で生まれた、ラードのような白い油まみれの赤ちゃん。二四九〇グラムだけど元気な男の子でした。乗り越えた感でいっぱいの私でしたが、まず頭をよぎり、口にしたことは、「長い時間ごめんなさいね。疲れたでしょう！」

助産師さんや看護師さんに対して、産んだ直後に言ったのです。感動して大泣きしたかったのに、恥ずかしい、みっともない、人に迷惑はかけてはならないという子供のころから刷り込まれてきた考えが私を支配していたために、第一声が人を気遣う言葉だったのです。

「嫌われたくない、良い人と思われたい」というええかっこしいなところが、父とそっくりでした。

画数を調べ、たくさんの本を読みながらAさんと二人で悩んで付けた名前。

平和に詩を奏でる「和詩《カズシ》」。

苦労の結晶。愛しいわが子です。

親子三人の生活が始まりました。稼ぐのはAさん。家と子供を守り、育てるのは私。そう思っていた私は、Aさんに家事を手伝って欲しいなどとは一度も言いませんでした。

食わせてもらっているんだから、家事、子供の世話は私の任務だときつく思い、自分に言いきかせていました。それなのに我が子の夜泣きで寝不足、遊び足りず、孤独感にさいなまれ、いつもイライラし、家事というルーティンな毎日の達成感のなさで、抜け殻のようでした。

夜泣きをするとAさんの仕事に支障が出るといけないと思い、夜中に、ベビーカーを押し、夢遊病のように近所を歩き回りました。体内時計は完全に狂ってしまい、しんどかった。

それでも、とにかくAさんが大好きで、最高の夫だと思っていました。今後、これ以上に人を好きになることなんてないだろうと、今でも思うほどです。

一緒にいるときは優しくて本当にいい夫だけれど、子育ても家事もまったくしないAさん。帰宅はいつも深夜で、帰ってくると子供ばかり抱いてあやすAさんに、「私も可愛がられたい」とわが子に対抗意識を持っていました。自分の子にやきもちを焼く心の狭さでした。

Aさんが夜中に帰ってきて、朝会社に行くまでが毎日の楽しみ。大好きすぎて、気が狂いそうでした。わが子を抱っこしながら私も相手をしてもらおうと必死。Aさんにはなるべく子供の話をしないようにして、自分のことばかり話していました。

「子供なんか産まんかったらよかった。私だけのものやったのに……」

何度も心の中でつぶやきました。

けれど、「一人っ子でいいのか？　兄弟がいたほうがいいのか？」と検討し、「子宮がんが再発したら、選べなくなる」と、二人目を作り始めました。二年かかりました。私にとっては、とても長い二年でした。宿したときはうれしかった。兄弟同士で遊ぶので、将来を考えれば楽になるだろうとも思いました。

三〇歳の十二月七日。陣痛が来て四時間後に二六八〇グラムで生まれた次男。

また画数を調べ、響きが気に入った名前、「夕聖《ユウセイ》」と名付けました
Aさんと二人で仲良く考えました。

一人目の経験があるので、二人目の子育ては手なれたものでした。やることはてきぱきこなせ、そのためか夜泣きも少なく、育てやすい子でした。

次男が生後二か月、長男は四月から幼稚園という三歳のとき、東京へ引っ越すことになりました。

渋谷がビットバレー（ITバブル）だった時代で、Aさんの勤めている会社も東京進出することになったのです。大阪から出たことがない私は不安でした。孤独が怖くてしかたありませんでした。けれど、仕事が順調だったAさんに、「さらにええマンションに住ましたる」と言われ、不安と喜びが入り混じりました。

子供を母に預け、一人で二回東京に家を見にいきました。母乳を新幹線に捨てながら向かい、池尻大橋のビジネスホテルに泊まっての不動産屋めぐり。今まで住んだこともない、世田谷の一二〇平米の豪邸に決めました。家賃は三六万円です。

引っ越しは二月。用意も移動も過酷で、長男の幼稚園の転入先も空きがなく探すのに苦労しました。

「家のことはすべて私がやる。だって食わせてもらっているから」と思いながらもしんどかった。母もいない、知人もいない、一人ぼっち。幼稚園がはじまる前の二か月間は、気が狂いそうでした。

長男が入園すると、「私はここで友達を作るしかない」と広い家で、ホームパーティを開きまくりました。幼稚園のお母さんたちを呼び、まるで職人のようにお好み焼きを焼きました。「おいしい」と言ってもらえるのがうれしくて、「広い豪邸！」と言われるのが快感で、繰り返し開催しました。馬鹿にならない出費でした。

Aさんは会社の東京進出に伴い、雇われ社長として別の系列会社に移りました。会社が変わり、自分を生かすことができないAさん。しかも、その会社の業績が思わしくない。大きな損失も出してしまったらしく、つらそうな日が続きました。来る日も来る日も、疲れた顔をして、「あぁ、もうあかん。辞めたい」とこぼしていました。

私は励ましましたが、その「頑張りぃや」の言葉に効果などなく、Aさんはますますつらそうになるばかりでした。

あんなに輝いていたAさん、優しかったAさんがどんどん崩れていきました。

専業主婦の私にはどうすることもできませんでしたが、ホステス時代の貯金はありました。大好きだったAさんが苦しむ姿はもう見たくない。

「そんなにしんどいなら、もう辞めたら？　貯金もあるしなんとかなるよ！　Aさんなら自分で会社起こせるで！　私が応援する！　イケるよ！」と何の根拠もなく退職の背中を押しました。会社を辞めたAさんは私に本当に感謝してくれていたようでした。「楽になった」と。

しかしながら、「事業資金がいる」と貯金は持っていくけれど、生活費はもらえない日々が続きました。

貯金とはホステス時代に貯めた私のお金です。それまでAさんには月に一〇〇万円ほどの生活費をもらっていましたが、毎月すべて使いきっていました。だから、「貯金は私のお金」という意識が強かった。「私のお金」でも、Aさんと使うのなら惜しくなかったのですが、三か月たち、半年たち……、みるみる残高がなくなり、不安になりました。

Aさんに貸したお金は約一五〇〇万円になりました。いつまでたっても立ち直れないAさんに、だんだん私も優しくなくなりました。

「いつになったらお金入れてくれるん？」

「よその旦那さんは稼いでくるのに！」

それでも、「最後やから貸して」などと言われ、繰り返し貸す。やはり返ってこない。家の中は険悪になってきました。私の貯金も底を突きて、「もうお金少ししかないからこれ以上貸せない」と言うと、「まだ少しはあるのに貸せないんか！　この鬼女！　俺がこんなに苦しんでるのに！」となじられました。

貧乏な中で育ったので、貯金がゼロになるのが怖く、精神的にギリギリでした。

ついに、にっちもさっちもいかなくなり、結局、家賃半分以下のところに引っ越しました。子供の学校の関係上、同じ校区内での引っ越しです。

私にはプライドはなく、「貧乏になったから引越してん」とみんなに言えましたが、Aさんのプライドはズタズタでした。

だんだんAさんは、引きこもりがちになりました。家ではトドのように寝たきりで、仕事にも行かない日が続きました。「うつ」だと思います。でも、病院に行ってくれないから診断名はつかない。無気力、脱力感、体調が悪いというだけ。

「がんばって」「どこの旦那さんもこんなもんや」「Aさんならはい上がれる！」と励ましましたが逆効果。どんどん衰弱していきました。

「どうしよう。家庭崩壊や」私は焦りまくりました。

こんなに一生懸命アドバイスしてあげているのに、なぜかみるみる自分が嫌われていくのがわかりました。どんどん険悪になっていく家の中で、「この励まし方ではダメなんだ」とやっと気がついたのです。

では一体どうしたらいいのだろうと、ネットや本で調べている中で「心理学」「カウンセリング」という言葉が目にとまりました。体験講座なら五〇〇〇円。しかも何件もある。

子供が幼稚園にいっている間、または寝たきり状態のAさんに預けて行ってみました。

衝撃でした。

なんて優しい空間。なんて、私のことをわかってくれる人たち。

「これ、すごいなぁ……。こんなんあるんや。もっと知りたい。っていうか、私が学びたい」

Aさんのために門を叩いた世界でしたが、私がハマってしまったのです
当時三十一歳。「心理学」デビューでした。

安くはない養成スクールの授業料を納め、入学。

民間のカウンセラー学校で、来ている人は老若男女様々。先生たちが女神や聖人に見えました。

今思えば、心が不健康なAさんに子供を預けたから通えた学校生活でした。それなのに、感謝なんてしていませんでした。働かない（働いているのかもしれないけれど、お金は稼げない、入れてくれない）Aさんを、元気にすることがミッション。幸せの再生だと思っていた私。家計は火の車。でも、「これしかない」と学校に通い続けました。

家にいると気が狂いそうになるので、遊びにいきました。一人で飲みにもいきました。

お金もないくせに、子供とAさんを置いて遊びました。

「あかん。破滅や。破産する……」

そう思いながらも、やめられませんでした。

パートでは一家四人は食えません。私が働かないと飢え死に必至のわが家。もう水商売には戻らないと決めていたのですが、子供二人を置いて、銀座にバイトにいきました。

十六から水商売を始めた私は、ナンバー・ワンのまま二十六で辞めるのが夢でした。がんになったので、スッパリと辞めることができたのでした。

それなのに、銀座。嫌でしたが、背に腹はかえられず、バイト情報を見て面接へ。三十歳も過ぎていますし、東京にお客さんもいない私は一からのスタート。焦りながら、学校と育児をしながら働きました。お姉さんやママの席につかせてもらい、若くもなく、扱いづらい私は、「こいつあまりいらんなぁ」という態度を取られながらも続けました。

けれど、Aさんとの溝はどんどん深くなるばかり。

ひとつ屋根の下で暮らしていても家庭内別居状態。何をしているのかお互いにわからない。ただの子育てパートナー化していました。

Aさんは仕事がダメになってから、それまで手伝わなかった家事をしてくれることが多くなりました。そして、私とは違って文句を言わない子供に集中し、子育てに没頭。子供との仲はどんどん良くなっていました。私も子供に嫌な思いや不安を与えたくなかったので、「パパのおかげで暮らせてるんやで、パパはすごいんやで」と言うようにしていました。

しかしながら、夜遅くまで銀座で働き、朝食の手を抜いてパンだけにすると、「子供のためによくない！　子供のことをまったく考えていない」などとなじられました。

私への愛情はなくなり、豹変していき、粗ばかり指摘される。心の中で言っていました。

「だって、あんたが稼がないから私が仕事せなしゃあないからやん……」

当たることも、愚痴《ぐち》ることもできず、怒りのはけ口がない毎日。

それでも心理学を学んできた私は、自分の心を支えることができるようになってきていました。家計を支えながら家事も育児もこなし、いっぱいいっぱいでしたが、昔より心の安定を感じることができるようになっていたのです。

心理学の学校で習う、「森田療法」「エゴグラム」「エンプティチェア」など、すべてが新鮮でタメになりました。私の概念にないことばかりで、目からうろこ。毎回の授業が楽しくてしかたありませんでした。学校の行事にも積極的に参加し、自分の成長のためにお金と時間を費やしました。家事は半分以上こなしていましたが、Aさんに子供を任せることが多くなり、家にいる時間を考えると完全に私がお父さん役になっていました。

Aさんは相変わらず、私をなじり、威嚇する言葉の暴力を使い、私を苦しめました。確かに、「朝新聞配達、日中は企業に勤めて、夜はレジ打ち」などのような、わかりやすくフルに仕事に時間を使うわけではないので楽に稼いでいるように見えていたのでしょう。けれど、私が言って欲しかった「悪いなぁ、俺が稼げないから仕事させて……」というような言葉は一切なく、「お前は女やから何かと得やなぁ」と言われるのはつらかった。「あほかぁ！　他の女じゃできんのじゃぁっ！」と腹立ちながらも、波風を立てたくないので押し殺していました。

「すべては子供が成人するまで」と自分に言い聴かせていました。

しかし、ついにAさんから「離婚して欲しい」と言われました。「破産か民事再生したいから離婚してくれ」という言い方でした。私が貸したお金や、差し上げたお金だけでは足りなかったようです。

お金は稼がないが、借金しているお金で子供を野球に通わせるAさん。子供には良いパパなAさん。そんなAさんに、父を重ねました。

自己承認力を身につけてから私と子供との関係はとても良くなり、心底子供が可愛いと思え、「この子たちのために人生がんばろう！　仕事しよう！」と、つらいことがあっても乗り越えられるようになっていました。その子供たちが、「離婚は、せんといてね」と言うから、成人まで一緒にいようと腹をくっていましたが、Aさんは離婚を迫ってくる。「やっと自由になれる！」という気持ちと、「子供に申し訳ない」という気持ちが入り混じりました。

たくさんの話し合いの結果、離婚。

子供は大泣きしましたが納得してくれました。せざるを得ないことでした。

離婚の際、Aさんは一言、「すんません。金、返せません」

決して誠意を感じる言い方ではありませんでした。

離婚のとき欲しかった手紙②

「三六歳の私へ」

またあかんかったなぁ　子供のために離婚したくなかったのになぁ……

でも仕方ないよなぁ　こんな状況になったしまったから
努力したよ　精一杯やってたよ　頑張ってた　これ以上は無理やったよ
やれるだけの事は全部やったよ　ここまで努力と我慢したことが偉いよ
ほんますごいで

それでもあかんかってんから、仕方ない　どうしようもないよなぁ
だけどあなたは進んでいけるよ
子育て、家事、仕事　大変やし、忙しいと思う
疲れるやろうし、やることが多くていっぱいいっぱいにもなると思う

だけどあなたは進んでいけるよ　やれる人や
だってあなたはデキる人やから　乗り越えられる力を持ってる人やから
頑張って　頑張り過ぎないように頑張って
これからどんどん良くなるよ　開放された新たなスタートやで
未来は明るいで

大丈夫　あなたなら大丈夫　あなただから大丈夫
見守ってるよ　いつも見守ってるよ
あなたが心身ともに健やかでいられますように
弱音を吐いても良いからね　愚痴を吐いても良いからね
可愛い子供と、あなたのために、あなたが元気でいられますように

七〇歳の達観した高山綾子より

「マイナス思考の要因」

「自動思考」という言葉があります。これは、ある物事について自然と考えている「考え方」のことです。

私の過去には多くのマイナスの自動思考がありました。

このマイナスに向かっている自動思考があるとき、あなたの「使命」も少しマイナスの方に向いているかもしれません。

例えばこういったことです。

例一)

部下がなかなか仕事を覚えないとき。

マイナスの自動思考:「あいつは一度教えたにもかかわらず、どうして理解しないんだ」

こういった考えの歪みを矯正し、合理的な考えに直すとこうなります。

合理的考え:「どこがどのようにわからなかったか、本人に聞いてみよう」

「一度じゃ覚えられないほど複雑なことを言ってしまったのかもしれないな」

「俺の言い方を変えてみよう。もう少しトレーニングの仕方を考えてみよう」

マイナスの自動思考をしてしまうと、イライラしたり、すぐ人を嫌いになったりしてします。「相手と一緒にやり直せばいいじゃないか」と思えるかどうかが重要です。

例二)

計画が失敗してしまったとき。

マイナスの自動思考：「全部計画を立てた私の責任だ。私がだめだったばっかりに……」

合理的考え：「計画を立てたのは私だけど、みんなにも協力を求めればいいんだ。ダメだった原因も一緒に話し合おう」

自分を責めてしまうこのような考え方をする人、優しくて良い人が多いです。けれど、自分で背負《せお》い込んでしまうばかりでは、空回りしてしまいます。

例三）

近所づきあいが上手くいかない場合。

マイナスの自動思考：「人間関係が悪いのは○○さんのせいだ！」

合理的考え：「○○さんはこの状況をどのように思っているのか聞いてみよう」

「腹を割って話してみたことはないからなぁ。一度やってみようかな」

このように「ついつい」考えてしまうこと、あなたの場合はどのようなことでしょうか？

この考えを一つ一つ合理的で建設的なものに変えていくと、とても生きやすくなります。

こういったマイナスの自動思考になってしまう原因を、デビット・D・バーンズ氏が「一〇種類の認知の歪《ゆが》み」として説明しています。実際には「どれか」ではなく「いくつか」同時に思い当たったり、人によって「これとこれはどう違うの？」と思うぐらいどちらも刷り込まれていたりするときがあります。一つ一つじっくり考えてみてください。

これらの考え方で、「そうだなぁ」と思うところがある場合、親も同じような考えを持っていて、その考えが「使命」としてあなたにも刷り込まれてきたという可能性が高いです。

親の考え方は子育ての際に継承されていきますから、あなたの考え方の八割は育てられ方、環境による親からの影響だと思ってください。あなたもあなたの親も悪くないんですよ。だって、あなたもあなたの親もそのように育てられただけですから。

表にした「一〇種類の認知の歪み」の隣に、私なりの「合理的な考え」を載せました。これがそれぞれの認知の歪みから脱却する方法です。すぐに考えを変えることは難しいですが、少しずつ歪みを矯正するときの参考にしてくださいね。

認知の歪み・心の歪み・考え方の歪み

歪んだ考え	合理的な考え
1. 全か無か思考 白か黒、○か×、100か0、完全か不完全のどちらかでのみ考える思考。小さなミスを、「全てダメ、失敗」と考える。	「【完全に】××である」などということは、ほとんどない。腹八分目で上出来。グレーもOK。成功は失敗から学ぶもの。次に同じ事を繰り返さないことを学んだ。 練習ドリルを行い「身についた」と思うと、経験と自己の厚みとなる。
2. 一般化のしすぎ 一つのよくない出来事があると、「世の中すべてこうだ」と決めつける。	「すべて●●」などありえない。一度起こったよくないことが、また起こるとは限らない。【そうかもしれないし、そうでないかも知れない】一時的に、がっかりしても仕方ないが、ずっと「どうせ●●だから、ダメだ」とふさぎこんではもったいない。
3. 心のフィルター ひとつのよくなかった出来事にこだわり、囚われてしまう。そればかりくよくよと考え、すべてを見る目が暗くなる。	良いところ、明るいところも曇らせてしまっている自分に気づくこと。ひとつの良くないことに囚われすぎて自分を、傷つけては可哀想。良いところを見つけ、「くよくよ」を捨てる習慣を身につける。
4. マイナス化思考 良い出来事を無視して、すべてマイナスのものと受け止める。マイナス思考	日常の「ほんの少しの良い出来事」を拾い、摑みましょう。小さな良い事に感動し、味わえる人は幸せを感じやすい人です。同じ良い出来事が起こっても、幸せと感じる人、見逃す人がいます。自分が、幸せか否かは自分自身が決めるのです。
5. 結論の飛躍 悲観的な結論を根拠なく出す。 a．心の読みすぎ：悪い反応をされたと早とちりしてしまう b．先読みの誤り：今後は絶対に悪くなる、と勝手に決めつける	a.「例）挨拶をしたけれど返事が無かったのは、何か考え事をしていただけかもしれない」。人の心は本人のみが知っています。 b. 根拠の無い悪い推測は無意味。無駄。それに気づくこと。

歪んだ考え	合理的な考え
6. 拡大解釈（破滅化）と過小評価 自分の失敗は過大に捉え、長所は「たいした事ない。普通だ」と過小評価する。反対に他人の成功は過大に評価し、他人の欠点は見逃す。別名、双眼鏡のトリック	自分の成功を認め、失敗は次に活かすと考える。自分の成功も他人の成功も大喜びできますように。人の成功ばかりが気になり、自分の成功を認められないと、萎縮し、妬みへと変わる。自分を認めてはじめて人の成功を妬まず祝福できる。
7. 感情的決めつけ ネガティブな感情は現実とイコールで、「そのまんまだ」と考える。「●●と感じる。だから、それは当然のことだ」	ネガティブな感情に囚われると行動力を失います。事態はすべてマイナスだと感じてしまう自分自身に気づくこと。プラスの面を観られる人を観察して、真似てみたり、「ポジティブな●●さんならどう考えるだろう」と俯瞰的に観てみたりする。
8. すべき思考 「〜すべき」「〜すべきでない」「〜でなくてはならない」「普通は、●●だ」と考える。自分勝手な自己流の規則、法律に縛られる。他人にこれを向けると、怒りや葛藤を感じる。	「●●もありだなぁ」「●●という考え方もあるなぁ」「●●な人もいるなぁ」と、自分の考えの枠を広げましょう。 「絶対にこうあるべき」「普通は」など無いのです。人それぞれで、他人と自分は違うということを知っておくこと。
9. レッテル張り 「一般化のしすぎ」の極端な形。誤りを犯した時に、どう誤ったのかを考えずに、「自分はダメ人間だ」、「あいつは最低だ！」とレッテルを貼る。そのレッテルは感情的で偏見である。	例）努力した部分は認め、失敗したなら、「次はどのようにしたら成功するか？」考える材料となり、経験となる。次に活かしその先に成功がある。
10. 個人化 すべて「自分が悪い」と、自分に責任が無い場合でも、自分で背負い込む。自分のせいにしてしまい、自責感で自分自身を追い詰める。	自分が他人を操作しているわけではない。すべて「自分のせい」などありえません。他人の行為の結果はその人の責任です。自分がすべて背負い込む必要などありません。 自分の良いところは認め、出来ていないところは「より良くするには？」と、考えるように。

私は、一つ目の「全か無か思考」にはまっていました。

「付き合うの、つきあわないの、今決めて！」という勢いで、「いいやんもうちょっと考えてからで」という思考はまったくありませんでした。

グレーにしておくことができず「今すぐ決定したい。そして、それに沿って生きていく！」という考え方が強かったので、自分も周りもつらかったと思います。

あなたにも当てはまる部分がありましたか？

「自分の歴史を知る」

さて、あなたの自分史も書けたでしょうか？

では、その自分史の年表から、一つ一つ思い出と感情を拾っていきましょう。

【良い思い出】

まず、あなたの自分史の中から、良い思い出について考えみましょう。

・愛を感じたこと

・感謝していること
・楽しかったこと
・うれしかったこと

どのような思い出がありますか?

「万引きの疑惑をかけられたときに最後まで信じてくれた。泣いて相手に文句を言ってくれた時に、あぁ親ってありがたいなぁ愛されているんだなぁと思った」

「習いたいと思ったことはなんでも習わせてくれた。可能性を信じて、なんでもやらせてくれたことに感謝している」

「聴き上手な親で、オチのないような話をいつも楽しそうに聴いてくれた。楽しい時間だったなぁ」


こういった「良い思い出」を思い出すことで、「いい育てられ方をされて良かったなぁ」と思える人もいると思います。良い思い出はあなたに元気を与えてくれるとても大切なものです。しっかりと覚えておきましょう。

【良くない思い出】

次に、良くない思い出です。

・悔しかったこと
・悲しかったこと
・もっと褒められたかったこと
・比較されてつらかったこと
・勝手に物事を決められたこと

「テストで九〇点取ったのに褒められず、間違えた一〇点を責められた」
「お兄ちゃんは頭が良いのに、なんであなたはアホなのと比べられた」
「大事にしていたおもちゃを勝手に捨てられた」

親にとっては悪気のないこと、傍から見たらたいしたことないと思われることでも、幼少期の自分にはトラウマになるくらい傷つくこともあったのではないでしょうか。そういったものを一度ここで吐き出して、「これ、ムカついたな」「これ嫌やったな」「これ悲しかったな」ということを自分自身で確認してみましょう。それによって、「だからこういう癖があるのか」と気づくことがあるかもしれません。

（例）小さいころの想い・出来事

良い想い・出来事	
・愛を感じた	・万引きの疑惑をかけられたとき、最後まで信じてくれた。 ・泣いて相手に文句を言ってくれた。
・感謝している	・「これ習いたい！」と言ったらなんでも習わせてくれた。 ・可能性を摘まず信じてくれた。 ・いつも話を聴いてくれた。

（例）小さいころの想い・出来事

良くない想い・出来事	
・もっと褒められたかった	・テストで90点取ってもいつも「何でここを間違えたの！」と言われた。
・比較しないで欲しかった	・リレーで一番になったのに、「お兄ちゃんよりは遅いわ」と言われた。

いかがでしたか？　良いことがほとんど出てこないという人もいるかもしれません。私もそうでした。「良いことなんて何にも思い出せない。つらいことばっかりやったわ」と。けれど、自分がネガティブに考えてしまう背景がわかってくれば、小さなことでも「良かった」と自然に思い出せるようになります。

まずは、「良くなかった出来事」だけでも思い出して、そこから「認知の歪み」に気づき、自動思考をプラス方向に変えていきましょう。

「自分の幸せ（仕合せ）を知る」

「幸せになりたいですか？」と訊けば、ほとんどの人は「はい」と答えると思います。幸せになりたい。幸せと感じたい。毎日幸せを感じながら暮らしたい。幸せとは、うれしいな、楽しいな、癒されるなぁなど、小さな「いいこと」の集合体です。

では、あなたの幸せってなんでしょうか？

幸せとは、小さな良いこと、平穏な日々の中で当たり前すぎて気がつかないようなことにも、感謝できることです。同じ状況下でも「自分は幸せだ。ありがたい」と感じられる人と、「なんでいつも良いことがないんだ……。自分ばかり不幸だ」と感じてしまう人がいます。幸せを感じられる人は、小さな良いことを見逃さず拾い、つかみ、味わい、感じることができる人です。

私は感謝ができない人間でした。

「産まれてきてくれてありがとう」「いてくれて本当によかった。あなたは宝物よ」「元気で今日も帰ってきてくれてうれしい」――そんなふうに、無条件に愛を与えられて育った人は感謝をする習慣を自然と身につけながら大人になります。

しかし、「産まなきゃよかった」「いなくてもいい。要らない子」「元気だけしか取り柄がないのか」などと存在を否定され、ダメ出しばかりされて育つと、卑屈になり、いつも心が満たされず、自分から感謝をするのではなく、人に感謝をされたがる大人になります。

今思うと小さな良いことを見逃しっぱなしの私でした。

今だからわかることですが、毎日楽しそうでイキイキしている人の共通点は、食事をしているときも「美味《おい》しい！」を連発し、綺麗《きれい》な景色をみると「綺麗やなぁ！　すごい」と感動し、わが子を「可愛い！　眼に入れても痛くない。親ばかやろぉ」と愛し、パートナーを「本当に良い人とめぐり合えたの！　大好きなの！」とキラキラしながら言い、同時

小さな良い事　感謝 マインドマップ

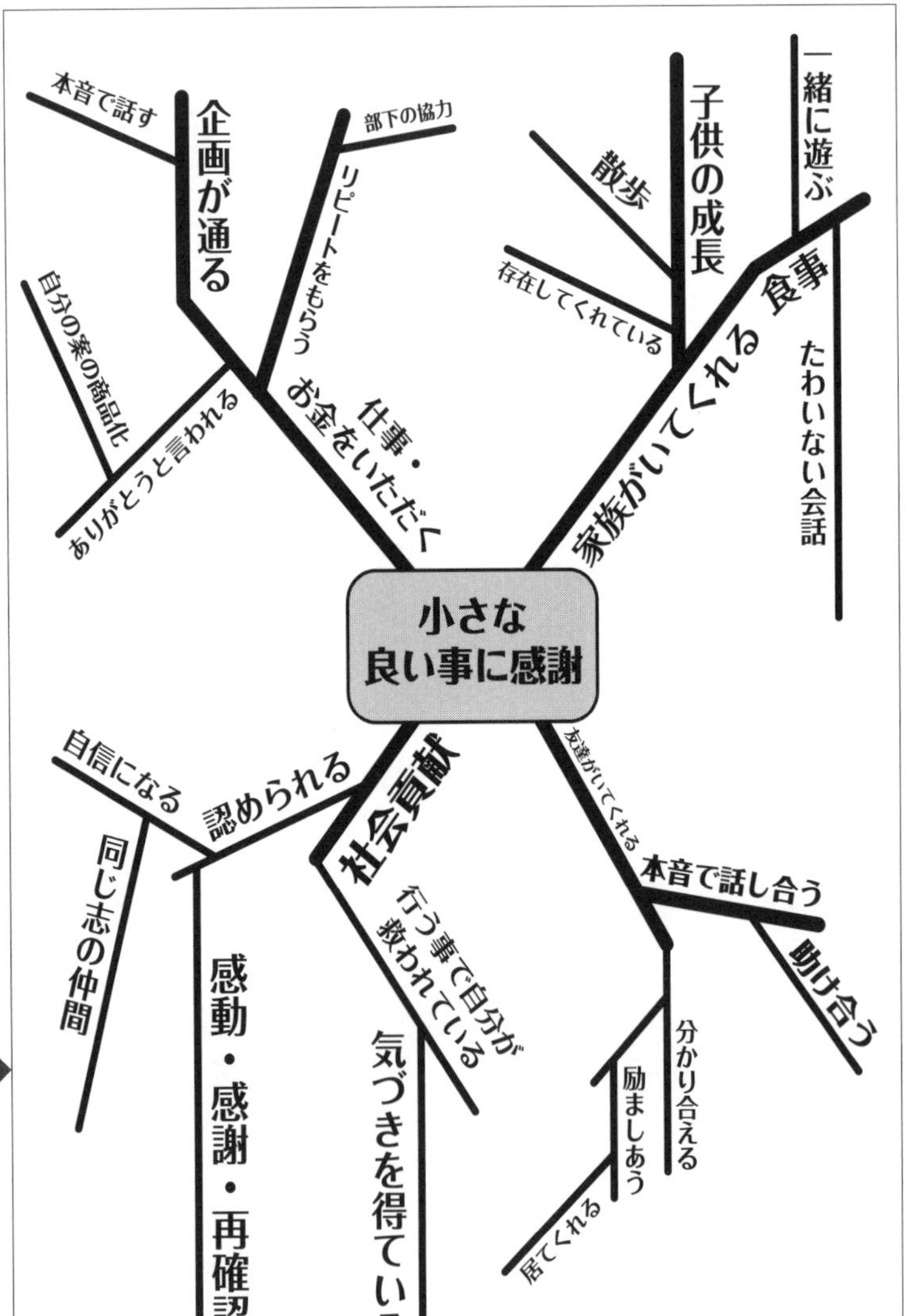
小さな
良い事に感謝
仕事・
お金をいただく
企画が通る
本音で話す
リピートをもらう
部下の協力
ありがとうと言われる
自分の案の商品化
家族がいてくれる
子供の成長
散歩
存在してくれている
一緒に遊ぶ
食事
たわいない会話
社会貢献
認められる
自信になる
同じ志の仲間
感動・感謝・再確認
行う事で自分が
救われている
気づきを得ている
友達がいてくれる
本音で話し合う
助け合う
分かり合える
励ましあう
居てくれる

に、本気で思っているということ。

これらはすべて、その人にとって良いことであり、他の人からすれば、「たいしたことない」「普通」、場合によっては「どこが？最悪やん」と思うことかもしれません。でも当の本人が良いと思えば良いのです。誰にも迷惑はかけません。「幸せ」の尺度は人それぞれ。自分自身が決められるものです。

あなたにとって「小さなよかった、感謝できること」は何ですか？

見逃さず拾い、つかみ、感じ、味わうことを練習しましょう。

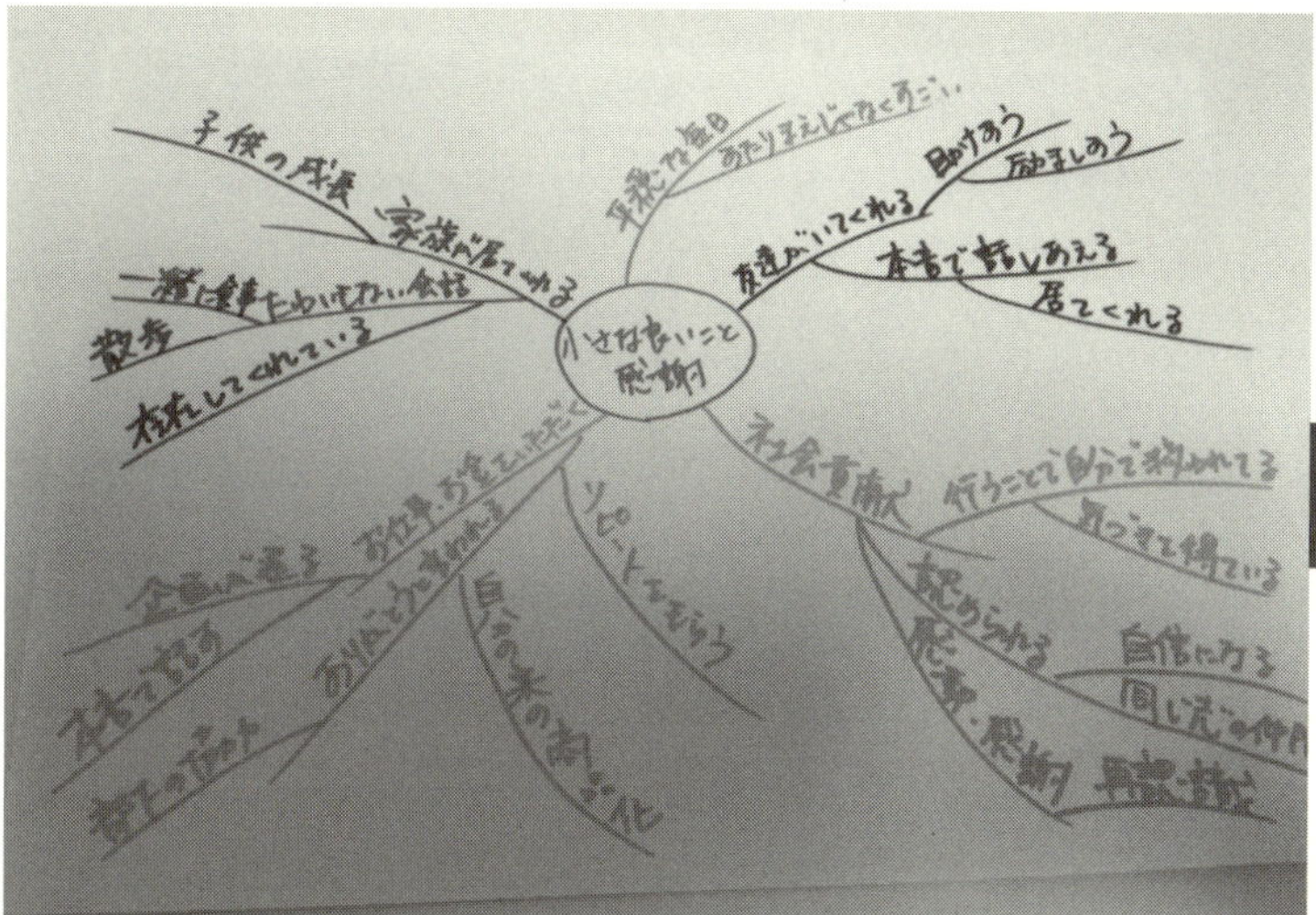

＊「幸せ」は、もともとは『仕合せ』と書き、【めぐり合わせ・運命】という意味の言葉だそうです。
動詞「する」の変化した「し」に「合わす」が結びついた『しあわす』が由来で、【物事がぴったりと合うようにする】ことから、【めぐり合わせ・運命】という意味が生まれたのです。例えば、めぐり合わせが良いことを「仕合せが良い」といい、めぐり合わせが悪いことを「仕合せが悪い」と言うそうですが、多くは単に「仕合せ」だけで、めぐり合わせが良いことをいったために、江戸時代になると〈仕合せ＝幸運・幸福〉という意味で定着していきました。そして、明治時代以降に「幸せ」とも書くようになったのです。

Date　　No.

第四章

「手紙」の書き方

自分を知り、自分に響く言葉がわかったところで、いよいよ手紙を書いていきましょう。未来の、成功して充実した生活を送っている自分になって、今のあなたを励ましてあげましょう。

「送らない手紙」

未来からの手紙は、今の自分が出しているSOSへの返信です。自分姉さん兄さんに今の自分の愚痴を聴いてもらい、それに返信をもらうイメージです。

クレームがあったり、直してもらいたい部分があったりするときに本人にそれを伝えるのはとても大変です。角が立たないように伝えようと、「あなたの○○な部分にいつも感謝しています」「□□をやっていただいていてとてもうれしいです」と感謝の気持ちを伝えて、それから主題である変えてほしい部分や腹が立った部分を柔らかく改変して伝え、最後にもう一度感謝で締める。手間がかかりますよね。

けれど、円滑にコミュニケーションをとっていくためには、気を遣って遠回しに伝え、改善していただくという手順が必要なのです。

主題部分は、本来ただの愚痴です。この愚痴部分だけを何の気も遣わずに吐き出せる場所があったらいいのに、と思いませんか？　そんな場所、どれだけ愚痴っても、咎《とが》めたり怒ったりせず、とにかく聴いてくれる人。それが自分姉さん、自分兄さんです。

まずは、愚痴を書いてみましょう。イライラしていること、腹が立ってどうしようもないことを頭から取り出し、紙の上に置いてみましょう。

これが、「送らない手紙」です。

この手紙を本人に見せたら大変なことになるような、喧嘩だけではすまなくなるようなことも、とにかく書きます。愚痴、悪口言い放題。文章になっていなくてもかまいません。「なんなのよ！」「むかつく！」「やってられない！」ということを勢いだけで書き出し、ストレスを体から追い出しましょう。

頭の中にあるものは見えません。けれど、書くことで自分の不満を「見える化」できます。

自分の怒りに気づき、客観視して、自分が一体何に腹を立てているのかを知ることができます。

「送らない手紙」は、例えば次のような勢いだけで書く手紙です。

三二歳の会社員

「仕事ができない偉そうな上司への愚痴」

仕事も出来ないくせになんでそんなに偉そうやねん
むかつく！
立場ってそんなにすごいんか？　偉いんか？
おかしいやろ　そんなん
社長の前では態度豹変させやがって　姑息なやつ
人のあらばかり探して　怒鳴ってそんなに楽しいか？
毎日見たくない　逢いたくない
だけど逢わざるを得ないこの状況　会社　あぁ最悪

お前の口調なんとかならんのかぁ？

そんな大声で話さなくても聴こえてるっちゅうねん
うざすぎる　うざすぎる　うざすぎる
ほんま消えてほしい！
俺の立場が上なら　お前なんか即クビなんじゃぁあああっ！

二九歳の新米ママ

「わが子の自慢ばかりするママ友への愚痴」

聴き飽きたんじゃ！　お前の自慢話は！
お前の子供が◯◯に通ってようが　△△で一番であろうが関係ない！
興味ない！　どうでもええねん！
聴きたくないんじゃぁぁあっ！

うざすぎる　顔も見たくない

むかつく　むかつく　むかつく
笑って聴いてやってたら調子に乗りやがって！
お前の旦那に似てお前も　お前の子も不細工なんじゃぁ！
可愛くないっちゅうねん
あほちゃうか　不細工一家！　消えてしまえ！

三九歳の独身・親と同居者

「思い通りに動かないと怒る我が親への愚痴」

お前の言うとおりになんでせなあかんねん
私はあんたの持ち物ちゃうわ！
もう大人やし、自由やろ！
いちいち口出ししてくるな！
うるさいんじゃぁぁぁあっ！

あれこれ細かいことを言ってきやがって！
気になるなら、見るなっちゅうねん
私の好きにさせろ！　むかつく！

人のもの勝手に見るな！　触るな！
プライバシーとかほんまわからんっておかしいやろ！
あぁ　腹立つわ！

さあ、あなたも思いっきり愚痴を吐き出してください。

「『自分姉さん・兄さん』のイメージ法」

「送らない手紙」を書くことができたら、次にその見える化したあなたの愚痴や不満をどんな人に聴いてもらいたいか考えてみましょう。

自分のことを一番知っているのは自分です。他人だと、「ここはつらい」とか「ここは寂しい」とか、「ここはがんばっている」などをズレなくぴったり汲むことはできません。「ここを叩いたらどのくらい痛い？」「それを食べたらどのくらい甘かった？」「空がどんなふうに青く見えているの？」。どんなに言葉を尽くしても、どんなに詳細に報告しても、すべてを他人に伝えることはできません。聴き上手で、あなたも大好きだと思える人でもあなたのすべてを知ることは不可能なのです。

今、「私がこんなにがんばってるのをどうして誰もわかってくれないんだ」「こんなにやってるのに誰も褒めてくれない」と思うことはありませんか？　でも、「こんなにがんばってるのに」と思っている「自分」だけはちゃんと気づいているのです。だから、「未来の自分」、つまり「今の自分」に余裕ができて、自分の器がもっと広くなった状態をイメージするのが、自分の気持ちをくむ一番簡単な方法なのです。

「自分姉さん兄さん」はあくまでも「自分」の延長です。どんなに理想の相手でも自分とはまったく違う人をイメージしては意味がありません。あなたの「理想の自分」「ポジティブな未来像」をイメージしてください。

自分姉さん兄さんというのは、スーパーマン。自分にとってこれ以上ないくらい受容的な人です。今の自分がどんな愚痴を言っても八つ当たりしても、その心の奥の理由をくんで受け止めてくれます。すべて許してくれるのです。

何を言ってもいい。好きに扱っていい。任せまくればいい。

どんなに理不尽なことをしても、「理不尽なことをせずにはいられない状況だったんだね」とわかってくれますし、「してしまったんだからしょうがないよね」と許してくれます。そして「これはしてはいけないってことは、あなたも知ってるもんね」となだめてくれるのです。

叱ってほしくないときは叱らないでくれるし、叱ってほしいときは叱ってくれる、受け入れられる叱り方をしてくれる。

最高の人間です。

そんな、自分姉さん兄さんを、イメージしていきましょう。

一、年齢を決める

まず、年齢を決めます。二十年後でなくてもかまいません。あなたの今の悩みや不満は、何歳ぐらいの人になら素直に聴いてもらえるでしょうか？　安心して話すことができるでしょうか？

「今よりちょっと年上ぐらい？」「人生経験をたっぷり積んだ老年？」「目標とする先輩と同じくらいの歳？」。

二、見た目をイメージする

そのくらいの歳になった自分はどんな風貌でしょうか？

「笑い皺《じわ》でいっぱいかも」「太ってはいないだろうなぁ」「髪型はどんなだろう？」「どんな洋服を着ているだろうか？」。

三、状況をイメージする

その悩みや不満をどのような状態で聴いてもらいたいか想像しましょう。時期、時間、場所など、空気感や情景を思い浮かべてください。

「夏が終わってちょっと涼しくなってきたころ」「夕日がきれいな時間がいいな」「静かな公園のベンチで」「お酒を飲みながら聴いてもらいたいな」。

四、自分の気持ちを想像する

その状況で話を聴いてもらっているとき、あなたはどんな気持ちでしょうか？

「本当は頭を撫でてよしよししてもらいたいのに、それが言えずに強気に振舞ってしまうかもなぁ」「普段は無口なのに、どんどん話したいことが溢れて止まらなくて、戸惑いながら話しているかもなぁ」。

五、自分姉さん兄さんの語り口をイメージする

あなたの気持ちを見透かしながらもそっとしておいてくれる自分姉さん兄さんは、どんな声でしょうか？　どんな語り口でしょうか？

「落ち着いた声でゆっくりしゃべってくれるんだろうな」「低い声だったらいいな」「上か

ら目線なんてありえない、穏やかなしゃべりなんだろうな」

このような順番でイメージしていきます。

このとき、場面を映像としてイメージしていくことをおすすめします。頭の中にスクリーンを出し、その中で映像化。動画イメージの中で、動きや声を自分の好きなものにカスタマイズしていきましょう。

「未来からの手紙を書く」

愚痴や不満を聴いてもらいたい相手をイメージすることができたら、今度はあなた自身がイメージした自分姉さん自分兄さんの役をする番です。

自分姉さん兄さんになったあなたは、どんな言葉で今の自分を励ましたらよいのでしょうか？

手紙を書くポイントは四つです。

①つらさを認める

②共感する
③がんばりを評価する
④褒める

つらさを理解し、不平不満、不安なこと、愚痴に共感します。そして、がんばりを認め、慰め、褒める言葉を書いてあげましょう。最初は書きにくいかもしれません。でも、慣れればどんな落ち込んだ時でも自分を励ませるようになります。

「共感」

特に重要なポイント、「共感」についてご説明します。

自分が嫌いで、自分に共感なんてできない、と言う人もいるかもしれません。でも、意見が違っても、感じ方が違っても、相手の気持ちを共に感じてあげることはできるんだということをご理解ください。

人の話を「聴く」テクニックを上げるために必要な「アクティブリスニング」。その中の共感についてご紹介します。「二〇世紀、もっとも影響力の大きかった心理療法家」といわれるカール・ロジャース氏のメソッドです。

　これは、自分を励ますためにだけでなく、好きな男性を振り向かせたいときにも、友達の相談に乗るときにも、部下と絆《きずな》を深めたいときにも役に立ちます。

一、相手の心に焦点を合わす

　相手の言葉そのものではなく、その表情や態度からも推測し、相手と同じ感情を見つけ、それを言葉で表して共感する。
・「今日上司に怒られちゃった♪」と、笑いながら言われた場合は、
「しくじったねーw」でいいけれど、
・「今日上司に怒られちゃった……（泣）」と、しょんぼり言われたら、
「それは落ち込むよね……」と言った方がいいです。

・「お金ないんだよねー♪あははー」だったら、
「もー何とかなるって思ってるんでしょー♪」
・「お金なくて困っててさ…（しょんぼり）」だったら、
「それはつらいよね」「それは切実だよね」

相手の心に合わせた共感の言葉をみつけましょう。

二、価値観が違っても共感できる

「同意」「同感」「共感」は別です。同意できなくても、同感できなくても、共感はできます。

「上司と合わないから会社を辞めたいんです。」と言われた場合、
・同意は、「それは辞めた方がいいですね」。私も同意見。だから同意。
・同感は、「私も辞めたいんです」。私もそう感じています。だから同感。

この二つは似たようなものです。自分に同じような意見・感情があった場合はスムーズなんです。「そうそう、私も私も」で話が盛り上がりますよね。

違うのはここからです。

「同意」「同感」「共感」は別
同 意
それは
辞めた方がいい
ですね（私も同意見）
同 感
私も
辞めたいんです
（私もそう感じています）
共 感
あなたは会社を
やめたいんですね
（相手の感情を共に感じる）

・共感は「あなたは会社をやめたいんですね」と、相手の感情を共に感じることです。

これは、あなたの意見や感情がまったく違うものだったときにも使えます。

「上司と合わないから辞めたいって言うけどな、今は転職って難しいよ。その会社そこそこ良い会社やん。あなたわがままなんちゃうん？」「あなた甘いよ。もっとがんばればいいのに」などと思っていても、自分の感情に嘘をつくのではなく、相手に共感することはできるんです。

「あなたは、辞めたいと思うのですね」「あなたはこんな気持ちなんですね」と、相手、「あなた」の感情を慮《おもんぱか》り、代弁する言葉を使うことが共感です。「私の場合はね」という「私」の話は一旦、心の中にしまっておいて、「あなたは、上司と合わないから会社を辞めたいんですね」と伝えましょう。

三、主語が「I」ではなくて「You」

同感・同意は「Iメッセージ」です。それに対して、共感は「YOUメッセージ」だという違いがあります。つまり、主語が「I（わたし）」ではなく「YOU（あなた）」。

「あなたはチョコレートが好きなんだ。（私は嫌いだけど）」

「あなたはつらくないんだ。（私はつらいけど）」

自分の主張をしたいときは、「Iメッセージ」を使うのが当たり前ですが、相手の話を聴きたいとき、聴いているときというのは、基本的にこちらの価値観は求められていません。

自分と相手の価値観が違う場合は「YOUメッセージ」を使ってください。相手の気持ちをへし折らずに進めることができます。

では、具体的に共感の言葉にはどのようなものがあるのでしょうか？

「共感」とは「共に感じる」と書くのですから、相手の「状況」についてではなくて「感情」についての言葉です。共感するためには相手の感情を理解しようとすることが必要になります。とっても忙しそうでいつもバタバタしていてもその人にとってそれが「つらい」とは限りません。それが生きがいで楽しくてしょうがないのかもしれない。感情にはネガティブな言葉もポジティブな言葉もあるということを忘れないでください。

「つらいんですね」

「焦ってるんですね」

「苦しいんですね」

「悩んでるんですね」

「不安なんですね」

「うれしいんですね」

「良かったんですね」

「楽しいんですね」

「幸せなんですね」
「わくわくしてるんですね」　などなど……

これらのボキャブラリーを増やしておくことがとっても大切です。いつでも「すごい」とか「すてき」しか出てこないのでは、しっかりと共感がはまりにくいです。「何て言ったらいいかわからない、だって知らないんだもん、言えないんだもん」と思わないように、日ごろから考えておきましょう。

この共感の言葉を重ねることによって、「私のことわかってくれてる！」と思ってもらえるようになります。つまり、「仕事忙しくてさ」と、つらそうな顔をしているときには、「そりゃつらいよねー。今の部署だと忙しすぎて、体も心配だよねー」とサラリと言えるようなるのです。

共感というのは、「そうそう、そうなんだよ」と相手が思ってくれるような言葉を投げかけることで、「わかってもらえた」と感じてもらい、相手の「話せた」「聴いてもらえた」という満足度を上げるものです。相手に刺さる言葉が共感の言葉であって、刺さらない言葉は共感の言葉とは言いません。ただの自己満足です。もちろん、一言でバシンと相手にハマらない場合も多いでしょうから、たくさんの言葉を頭に入れておき、複数の方向から攻めて相手に刺さる共感の言葉を見つけましょう。

また、「へーすごーい」とか「強いねー」とか、最初はそれぐらいしか言えないかもしれませんが、まずは否定しないことが大切です。自分とは全く違う考えであったとしても、「なるほど、そういう考えなのね」と言えば、相手を否定せず、共感できます。

今自分が思っていることが自分自身で納得できないことだとしても、あなたの「自分姉さん」「自分兄さん」はきっと共感してくれます。あなたが求める共感を一番知っているのはあなた自身なんですから。

いくつか例をあげてみましょう。

どのように共感したらいいか、考えてみてくださいね。

例題一、「ご近所さんとウマが合わなくて…」と友達にうつむきがちで相談された。

例題二、担当外の仕事を回された同僚が「急にできない……」と悩んでいる。

例題三、「課長と部長の方針がバラバラでやってられないよ」と夫が怒っている。

例題一：「ご近所さんとウマが合わなくて…」と友達にうつむきがちで相談された。

× やってはいけない返答

・いきなり自分の意見を言う。

近所づきあいなんてそんなもんだよ。どこでもそういう人はいるよね。自分もどこか悪いんじゃないの？

・いきなり分析する
（まずは共感してからの質問でないと、ただの尋問になってしまいます）

いつからなの？
どうしてなの？

○ おすすめの返答

これらを言ってみて、どれかが相手の心に刺されば、「そうなのよーわかる？」「わかるわかる」と話が続いていきます

「それは辛いよね」「困るよね」「やりづらいよね」「ゴミ捨て行くのも嫌になるよね」

題二：担当外の仕事を回された同僚が「急にできない……」と悩んでいる。

× やってはいけない返答

「頑張ればできるよ」
「仕事なんだからやって当たり前でしょ」

○ おすすめの返答

「困るよね」
「無茶ぶりされたら焦るよね」

ボキャブラリーがないと、「大変だね」で終わってしまいます。それでも悪くはないけれど、心には刺さりにくい。より「私のことわかってくれてる」と思ってもらえる言い方ができるようにボキャブラリーを増やしましょう。

例題三：「課長と部長の方針がバラバラでやってられないよ」と夫が怒っている。

× やってはいけない返答

「上司なんだからしょうがないよね」
「よくあるよくある」

・バッサリ切る。

「私だったら部長についていくな」

・いきなりアドバイスする。

○ おすすめの返答

「それは困るよね」
「それは頭に来るよね」
「やりにくくて辛いね」
「課長も部長も立てなきゃいけないなんて大変ね」

次に、喜びの共感です。これを表す際には、自分の中の妬《ねた》みが出てくる場合があるので、実はより難しいかもしれません。

ここで当たり前のように共感できるようになるには、「自分にはこれがあるから大丈夫」というものを持っていた方がいいでしょう。自分に自信が持てる部分があれば、そこ以外で負けたとしても妬まずに本気で喜んであげられますよ。

では練習です。

例題一、「お客様に褒められたんです！」と部下が話しかけてきた。

例題二、「彼氏ができたんだ♪」と友達に報告された。

例題三、「昇進できそうなんだよ！」と同僚が嬉しそうに言った。

例題一：「お客様に褒められたんです！」と嬉しそうに部下が話しかけてきた。

× やってはいけない返答

「どういうふうに?」
「なんで?」

・質問攻め。

「うちの商品いいからねー」
「会社しっかりしてるもんね」

・全体の褒め言葉へのすり替え。

「運良かったよねー」
「あなた綺麗だからね」

・そこじゃなくて……という褒め方

○ おすすめの返答

「よかったね」
「嬉しいね」
「報われたね」

題二：「彼氏ができたんだ♫」と友達に報告された。

× やってはいけない返答

・無関心。

「へー」「ふぅん…」「だから?」

これではただの妬みっぽい人。私がこういう人でした。

○ おすすめの返答

「嬉しいよね」
「これから楽しみだね」
「良かったね」

人が喜んでいることを素直に一緒に喜んであげられる人になりたいですよね。

例題三：「昇進できそうなんだよ！」と同僚が嬉しそうに言った。

× やってはいけない返答
・興味を示さない。
「へーそう」
・いきなり詳細を訊く
「どうして昇進できそうなの？」「新しい上司誰？」
○ おすすめの返答
「よかったね」「嬉しいね」「頑張った成果が出たね」

「褒める」

共感ができるようになったら「褒め方」を知りましょう。

「褒めたほうがいいのはわかっているけれど、褒め言葉が思い浮かばない」

そんなふうにお思いの人は、まず、自分が今まで言われてうれしかった言葉を五つ書いてみてください。自分史を見ながらだと、思い出しやすいかもしれません。

私のセミナーでは、このうれしい言葉を書いた紙を隣の人と交換してもらいます。みなさん「えー」「恥ずかしい」と言いますが、そこはぐっと我慢。交換して、お互いの「うれしい言葉」を肉付けして感情たっぷりに読んでもらいます。

自分が言われてうれしい言葉を自分が書いたわけですから読んでもらってうれしくないわけがない。さらに、相手の言葉を読んでみることで、あることに気がつきます。

それは、相手に読んであげる言葉と自分が書いた言葉が、そんなに変わらないということです。

特に多いのは、「あなたと一緒だとこんなにスムーズ仕事ができる。すごい」とか「あなたにお願いしたおかげでこんなに綺麗にできた」といったように、役に立ったとか、頼りにされたというような、「自分の力が及んだ」ということを確認できる褒め言葉です。

いかがですか？　あなたの「言われてうれしい言葉」のなかにも、そのようなものが入っていませんか？

自分が言われてうれしいことは人も言われてうれしい場合が多いんですよね。

そして、もう一つ大切なことは、褒めることによって、人のモチベーションだけじゃなくて自分のモチベーションも上げることができるということです。

人間の脳は主語を認識しないという性質があるそうです。つまり、自分が言葉にしたことが、他人に対して言っていることなのか、自分に対して言われていることなのかわからなくなるのです。

「〇〇さんいいね！」「〇〇さんかわいいね！」と言うのは、自分に「いいね！」「かわいいね！」と言っているのと同じ。自然に自分のモチベーションも上がるんです。だからどんどん褒め言葉を使いましょう。

もしかしたら自分で自分を褒めるよりも、人を褒める方が簡単かもしれません。周りの人をどんどん褒めましょう。

褒め方にもポイントがあります。

一、その人そのものを褒める

「ピアス、かわいいですね」は△。ピアスを褒めてしまっているからです。この場合は、「ピアス、良くお似合いですね」が良いですね。「良く似合うピアスをしているあなたが素敵ですよ」という意味になるからです。

二、三角形に褒める

「直接褒めたら嫌らしくないだろうか？」「お世辞だって思われないだろうか？」といった心配がある場合、この方法はいかがでしょうか。

・「俺の彼女があなたと仲良くしたいって言っていました」

・「○○さんが、あなたを仕事ができる人だって言ってたよ」

Aさんが Bさんを直接褒めるよりも、AさんがBさんに「Cさんが褒めていました」と伝える方が真実味も高く、胡散臭《うさんくさ》いと思われにくいような気がしませんか？　直接自分の意見として褒めるより、ハードルも下がります。伝えたAさんも、褒められたBさんも、こっそり褒めていたCさんも、みんな気持ち良くなれます。

三、重ねて褒める

まず、手料理をいただいたとき、「とっても美味しかった」と褒めます。

そして、次に会ったときに「〇〇のときのお料理、とっても美味しかったなぁ。また食べたい」ともう一度褒めます。

一度褒めて終わりではなく、日を改めてもう一度褒めると「今日まで覚えていてくれるほど、本当においしかったんだ！」と真実味も増します。

褒められるというのは、何度あってもうれしいことです。美人に「いまさら美人だっていっても、いつも言われ慣れているだろうから意味ないかなぁ」と思うかもしれませんが、美人だなんて何回言われてもうれしいものです。

四、プレミアムなお礼を繰り返す

・「今日はお会いできてうれしかったです。ありがとうございました」

・「お話、とっても面白かったです。ありがとうございました」
・「勉強になりました（タメになりました）。ありがとうございます」
「ありがとうございます」に「プラスの感情」を付けたプレミアムなお礼は、褒めているのと同じ効果があります。「ありがたかったな」と思うことがあったら、どんどん言語化しましょう。お礼や褒め言葉はしつこいぐらい繰り返して良いものだと思います。どんな大企業に勤めている人も、固い仕事の人も同じ人間。褒められて嫌な気持ちにはなりません。積極的に言葉にしてみてください。

この四つのポイントを意識しながらあなた自身のことも褒めてあげてくださいね。


「褒め方」と同時に大切なのが「褒められ方」です。

「褒められ方」が良くないと効果は半減してしまいます。

褒められるときの注意点は、「ありがとうございます」と全部受け止めること。

「とんでもない！」とか「わたしなんて全然だめで……」とか「これ、安ものなんで……」と言わないこと。否定しないで、謙遜しないで、せっかく素敵な言葉をかけていただいているのだから、すべて吸収しましょう。

日本人には謙遜する文化があり、それが美徳とされていたのでついついやってしまいがちですが、ちょっと考えてみてください。自分がそのように謙遜されたとき、どう思いますか？　反応に困りませんか？

「お綺麗ですね」

「いやいや、ぜんぜん綺麗じゃないですよー」

「いやいや綺麗ですよー」

「そんなことないですよー」

「いやーほんとに思ってることなんでー」

よく見る光景ですけれど、「面倒だな」と思いませんか。

謙遜することで、広げなくてもいい話を広げてしまうんです。せっかく褒めていただいたのだから、相手の気持ちを受け止めましょう。どのように受け止めたらいいのかわからないときは、こう言ってみてください。

・「そんなふうに言っていただけてうれしいです。ありがとうございます」

・「今日はいい日だわ♪　ありがとうございます」

・「うれしい！　何をお返ししたらいい？（笑）」などです。

謙遜するよりも、褒めていただいたことを素直に感謝したほうが、言ったほうも言われたほうも気持ちがいいはずです。

どうしても自分の褒める部分が見つからないという人は、もう一度自分史を見て「ここは成功した」「ここはがんばった」という場面を見つけてください。

そして、その部分を「そんな体験してるなんてすごい！」と褒めましょう。

がんばった場面も、それをやってよかったこと、それをやることによって成功したことにつながる場合が多いです。

近いところでは、まず、自分が今日やったことを書き出してみてください。仕事帰りの電車の中やちょっと入った喫茶店で思い出し、その場でどんどん書き出しましょう。

「今日は忙しかったけど、やりきったな」

「クライアントの○○さん、めんどくさかったけど買ってもらえた」

「□□さんの悩みを聴いたなぁ」

「今日は休肝日にした」

「買い忘れた牛乳を、旦那さんのためにもう一度買いに行った」

どれもすごいことです。偉いです。がんばりました。褒めてあげてください。

「私、こんなにがんばったんだ。こんな良いところがあるんだ」と自分で自分を認めてあげてください。そして、あなたが、「あなたの上司」だったとして、労いの言葉をかけてみてください。

「いつも仕事がんばってくれてありがとうね」

「君のおかげでいつも助かってるよ」

「君の資料、今回もいい出来だね」

その労《ねぎら》いの言葉は自分で考えた言葉ですから、当たり前にうれしいはずです。すると、モチベーションが上がります。私たちが思っている以上に、私たちの脳は単純なのです。

「手紙を書くときの悪い例」

心から励まそうと思い筆をとっても、どうもうまくいかないという場合、次の理由も考えられます。

アメリカの心理学者トマス・ゴードン博士の提示した「コミュニケーションを阻む十二の障害」というものがあります。これは、親が子供に対してしてしまいがちな、子どもの心に良くない影響を与える可能性があるコミュニケーションです。しかし、親子の間だけでなく人のコミュニケーション全般に当てはまるので引用させていただきます。

良かれと思って言ってみたことも、相手の心に上手く伝わらないときがあります。そんなときはこれらの良くないコミュニケーションのような言葉が入っていないか、チェックしてみてくださいね。

一、指示、命令

「～しなさい」「～してはいけない」

「愚痴をこぼすひまがあったら」などと装飾語をつけたり、乱暴に言ったりする。これでは、相手が意見を言いにくくなり黙ってしまうか、ブチ切れてしまっても仕方がありません。

部下
売上が達成できそうにありません。どうしたらよいでしょう
上司
愚痴こぼす暇があったら行動しろよ！

子供
お母さん。学校行くのが嫌なの。休みたい
母親
すぐに行きなさい！学生でしょ！

二、注意、脅迫

「○○をすれば、××な結果になるぞ」

防衛心、反感が生まれ、素直に聴くことができません。

部下
売上が達成できそうにありません。どうしたらよいでしょう
上司
売上が達成できないと、次の会議で吊るしあげられるかもね

子供
お母さん。学校行くのが嫌なの。休みたい
母親
後で絶対後悔するわ! 頭悪くなってもいいの?

三、訓戒、説教

「〇〇だから、××すべきでしょう」

　ごもっともであっても、できないことをつきつけられるので、反抗するか、ふさぎこんでしまうことにつながります。

部下
売上が達成できそうにありません。どうしたらよいでしょう
上司
君は仕事できないから、能力向上努力をするべきだね

子供
お母さん。学校行くのが嫌なの。休みたい
母親
あなたは頭が悪いんだから学校は行きなさい

四、忠告、提案

「〇〇をすれば、××になるのではないか？」

相手の考える力を奪い、依存を招きます。

部下
売上が達成できそうにありません。どうしたらよいでしょう
上司
Aさんに提案してみてくれ。Bさんにお願いしてみなさい

子供
お母さん。学校行くのが嫌なの。休みたい
母親
じゃあ休んだら？行きたくないのに行っても仕方ないわ

五、講義

「今になって思うと、〇〇していてよかった」

今の感情はだめなのだという批判になります。たとえ、正しい事実であったとしても、それはあなた個人の枠の中のもので、他人を気遣っていない言い方です。

部下
売上が達成できそうにありません。どうしたらよいでしょう
上司
私が君くらいの頃は□□賞を毎年受賞していた。君は努力がまだまだだぞ

子供
お母さん。学校行くのが嫌なの。休みたい
母親
お母さんも嫌な時もあったけど、そんな理由で休んだこと無いわ

六、批判、非難

「○○は、××だからダメだ」

あなたはダメ人間だというマイナスの価値を植えつけてしまいます。

部下
売上が達成できそうにありません。どうしたらよいでしょう
上司
努力もしないで愚痴ばかりの君は使えないなぁ

子供
お母さん。学校行くのが嫌なの。休みたい
母親
さぼり癖が出てしまって困った子だわ

七、賛同、同意

「そうすればいいんじゃないの」

安易な同意は、「本当に本心かなぁ？　適当に言ってるのかも」と、不安を与えます。

部下
売上が達成できそうにありません。どうしたらよいでしょう
上司
しょうがないよ。今のご時世はそんなもんだ

子供
お母さん。学校行くのが嫌なの。休みたい
母親
じゃあ休んでもいいんじゃない？一日くらい大丈夫でしょ

八、侮辱

「甘えているだけ」

相手は見下されていると感じ、自己評価を落としてしまいます。

部下
売上が達成できそうにありません。どうしたらよいでしょう
上司
君は能力がその程度だからそんなもんで終わってるんだ、甘えるな

子供
お母さん。学校行くのが嫌なの。休みたい
母親
バカだからしかたないけど、甘えてるわね

九、分析、診断

「それは○○で、××じゃない？」

相手は心を閉ざし、信頼を構築できなくなります。

部下
上司
売上が達成できそうにありません。どうしたらよいでしょう
君の仕事のやり方に問題があるように思うなぁ

子供
母親
お母さん。学校行くのが嫌なの。休みたい
今日は寝不足だから休みたいと言ってるんじゃないの？

一〇、激憤、同情

「〇〇できるのだからがんばりなさい」

今の心配は無駄なことなのだと言われているように思われ、感情の否定になってしまいます。

部下
売上が達成できそうにありません。どうしたらよいでしょう
上司
君なら出来る！何とかしてみたまえ

子供
お母さん。学校行くのが嫌なの。休みたい
母親
とりあえず行けば乗り切れるから行きなさい！

二、質問、尋問

「なんで?」

問い詰めてばかりいると信頼関係が壊れるばかりか、本音を話してもらえなくなります。

部下
売上が達成できそうにありません。どうしたらよいでしょう
上司
なんで? 理由は明確? 前月と何がちがうの?

子供
お母さん。学校行くのが嫌なの。休みたい
母親
なんで行きたくないの? 今日はなんで? いじめられてるの?

二、ごまかし、中止

「○○になるよ、××は止めよう」

「どうせ話してもわかってもらえない」と感じ、話すことは無駄だと思ってしまいます。

部下
上司
売上が達成できそうにありません。どうしたらよいでしょう
なんとかなるよ。今日は一旦忘れてこの仕事を頼むよ

子供
母親
お母さん。学校行くのが嫌なの。休みたい
好きにして。掃除機かけてくれない？

いかがですか？　思い当たるものがありましたか？

では、なぜこの一二の事例が障害になるのでしょうか？

そもそも、話しかけている側には三つの欲求があります。

・理解して欲しい
・思いやって欲しい
・優しくして欲しい

けれど、話しかけられた側は、それらの欲求を理解するのではなく、自分の意見を押し付けていきます。押し付けられたことで話しかけた側のそもそもの欲求は満たされず、「解決した」のではなく「解決させられた」という状態になってしまいます。これでは良いコミュニケーションは成立しません。

もし、ご自分に思い当たる部分があるようでしたら、注意してみてくださいね。

ちなみに、このような場合のベストアンサーは、次のような手順の応え方です。
①あなたの話を聴いていますよと伝える「おうむ返し」
②あなたの気持ちがわかりますよと伝える「共感」
③あなたのことを知りたいですと伝える「質問」

④あなたに寄り添いたいですと伝える「提案」

「言葉の言い換え」

「励ます言葉が思い浮かばない」「ついついよくない答えをしてしまう」

そのような場合のために言葉の変換方法をご紹介します。

「疲れたなぁ」とか「嫌だなぁ」といったような言葉が口癖《くちぐせ》になってしまっている人っていますよね。口癖というのは、態度にも思考にも影響を与えることがあります。だから、ネガティブなことを言ってしまったと思ったときは、その言葉をまた使ってしまう前にポジティブな言葉に言い替えるクセをつけておいください。

ポジティブワードを習慣化することで、脳自体がネガティブなことを考えなくなってきます。励ましの言葉も同じように変換していくことで、心に響く言葉が自然と出てくるようになります。

上司　部下

売上が達成できそうにありません。どうしたらよいでしょう
オウム返し
売上が達成できそうにないんだね
共感
それは悩むよなぁ
質問
君の意見を聴かせてくれ
提案
一緒に良くなる案を考えよう

母親　子供

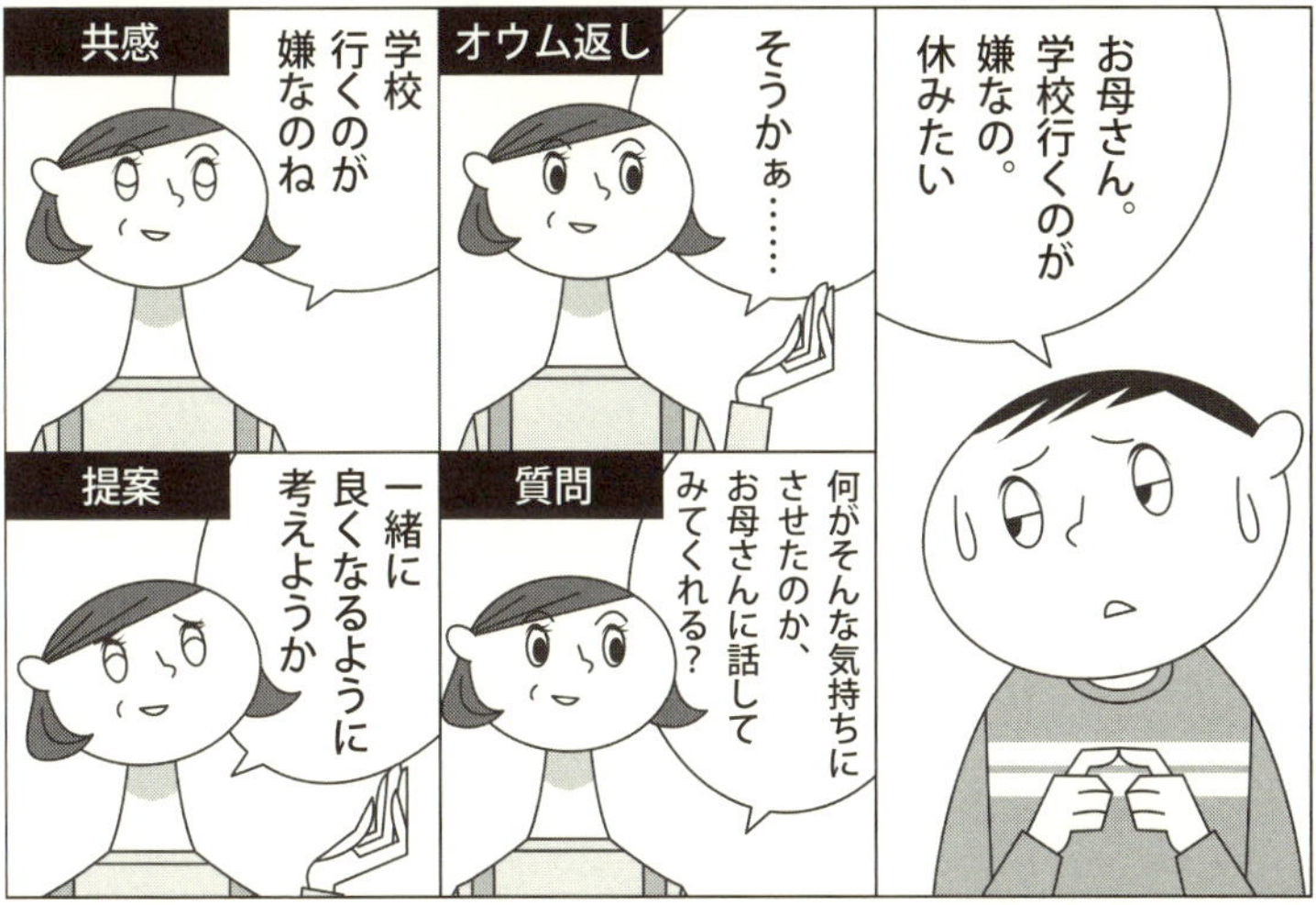
お母さん。学校行くのが嫌なの。休みたい
オウム返し
そうかぁ……
共感
学校行くのが嫌なのね
質問
何がそんな気持ちにさせたのか、お母さんに話してみてくれる?
提案
一緒に良くなるように考えようか

例)

・忙しい

↓充実してるなぁ。人気者だなぁ

・とろい。のろま。処理能力低い

↓おっとりさんなんだな。慎重な人なんだな。

・彼氏がいないから寂しい。メールの返信が来なくてさみしい。パーティーの誘いが来なくてさみしい。

↓一人の時間を満喫できる。本を読む時間できたな。自分磨きをする余裕ができたな。

ポジティブワードを使える人とネガティブワードしか使えない人では人生がまったく変わってきます。ネガティブな人は、「ポジティブなことばっかり言う人とはそもそも体質が違うんじゃないか」ぐらいに思っているときがあります。「いいなぁ、あの人は楽しいこと多くて」と思っているかもしれませんが、実際は同じ状況の場合だって多いんですよ。

小さな幸せやうれしいこと、楽しみを見逃さないで、つかむのが上手な人になりたいですよね。自分のつらい気持ちも、周りの人の愚痴も、どんどんポジティブな言葉に変換して返して差し上げましょう。きっと、みなさんで笑顔になれますよ。

「あなたのための未来手紙」

「送らない手紙」の部分で例に挙げた三人の場合の未来手紙も書いてみました。彼らの自分姉さん自分兄さんからはこのような手紙が届くと思います。

三二歳の会社員 ―「仕事ができない偉そうな上司への愚痴」への未来手紙―

「時期リーダー候補の現場社員の三二歳の自分へ」
仕事が出来ないくせに、偉そうに言う上司の下での仕事は腹が立つよね
理不尽な事が多すぎて嫌になることも多々あるやろうなぁ
そんな環境の中で本当に良く頑張ってるよ
あなたはすごいよ　偉い！

だけどね　まだこの会社でやっていくつもりなんやろ？
転職する予定、今はないんやんなぁ？
じゃあ少しでも今より良くなるようになればいいなぁ

頭の良い、優しくて行動力のあるあなたならできるよ
小さな良いところを見つけて吸収していけるあなただから
あなたなら大丈夫　あなただから大丈夫

今のこの環境は自分の厚みとなる
この上司の元で耐えて働いて結果が出せたら
どこでも通用する人間になれるよ
鍛えるためのドリルと思って練習させてもらいぃな

たまに愚痴吐いたらええやん

私ならいつでも聴くよ　いつでも言ってや
私はあなたの味方やで
一緒に頑張り過ぎないように頑張ろうな！

組織の中でいろんな人間関係を経験をして部長になった五三歳の自分より

二九歳の新米ママ

――「わが子の自慢ばかりするママ友への愚痴」への未来手紙――

「幼稚園児を育てる新米ママの二九歳の自分へ」
自慢話ばっかりのママ友は疲れるよね
幼稚園が一緒だから会わないと仕方ないしね
子供のために関係を壊したくないよなぁ
毎日のことだから辛いよなぁ　わかる　わかる

そんな中
いつもにこやかに話を聴いてあげているあなたは偉いよ
本当に優しいよなぁ
器が大きい　一枚上手なあなたなんやで
穏やかで　優しくて癒し系のええ女や

幼稚園が終わるまでの限定の付け合いや
接触時間を最小限にするなど
賢いあなたなら出来る工夫がいっぱいあるやろうね
あのママに耐えられたら誰にでも耐えられるよ
トレーニング積んでるのかもね
偉いよ　良く頑張ってる

自分を大事にしてな

あなたが心身ともに健やかでないと
旦那　子供に影響することは　あなた自身が一番良く知ってるやろ

手を抜けるところは手を抜いて
たまに愚痴って　ストレス発散して
あなたが上手く過ごせますように
私はあなたの味方です
あなたは良い女　人間としても　女性としても　母としても
私は知ってる　大丈夫　大丈夫
一緒に生きていこうな　私&あなた

子育ては終わり孫の成長を楽しむ六五歳になった自分より

三九歳の独身・親と同居者

―「思い通りにいかないと怒る我が親への愚痴」への未来手紙―

「独身で親からあれこれ言われる三九歳の自分へ」
大人になってまでも
「あれよ、これよ」と口出しされてはイライラするよなぁ
いつまでも自分の子ども扱いで
自分の価値観を押し付けられたらたまったものではないなぁ
わかるよ　うるさいよなぁ
言い返したくもなるよ　そりゃそうだ

けどなぁ　親やしなぁ
邪険にできない　見捨てられない
だってあなたは優しい人だから　なんやかんや言っても
親を愛している心の広い人だから

良い距離感を保ちつつ生きて行ければ良いね
そんなに長くないであろう親との今後の時間を大切に出来れば良いね
大丈夫　あなたなら大丈夫
こんなに人を思いやれる人だから

私は知ってる
あなたがそうではないと思っていることでも親に合わせてあげている時があることを
優しい　心が広い証拠や

あなたならできるよ　あなただから大丈夫
いつも見てるよ　応援しているからね

親が亡くなり自分の先も見えてきた七九歳になった自分より

いかがですか？

さぁ、あなたも未来からの手紙を書いてみましょう。ここまでにいくつも手紙例を挙げてきましたが、それはあくまでも「高山」の手紙です。私の手紙をすべて参考にする必要はありません。あなたの心に響くあなたのためだけの手紙を作ってください。状況に合わせて、いつでも何度でも書いてください。

あなたには、どのような未来手紙が届くでしょうか。それはきっと、あなたが人生を戦い抜くための武器になるはずです。

ネガティブをポジティブに変換します

ネガティブ		ポジティブ
・忙しい	➡	・充実してる
・とろい		・おっとりさん
・寂しい		・一人の時間満喫

変換してみましょう

ネガティブワード		ポジティブワード
	➡	

人間関係が良くなる潤滑用語（表情 良い方 トーンが大切）

【褒め言葉】	
◆外見を褒める	**◆存在を褒める**
(相変わらず) 綺麗	癒される（癒し系）
(いつも) 美人	居心地がいい
(いつ観ても) かっこいい	いてくれるだけで支えられる
(毎日) 可愛い	雰囲気が良い
笑顔がいい	清楚、清純
○○が綺麗	透明感がある
足が長い、まつ毛が長い	華がある
セクシー・色っぽい	華やか
さわやか	人気者　人徳・人望がある
	慕われる人
◆性格を褒める	目立つ
優しい	オーラがある
優しそうで本当に優しい	物知り・博学
明るい	伸びしろがある
温かい	逸材
ピュア	器が大きい
謙虚	キラキラしてる　輝いてる
誠実	個性的で良い・目立つ
知的	真似出来ない○○なキャラ
気さくな	天真爛漫
	愛され上手
◆行動を褒める	気持ちを汲んでくれる
○○良かったよ	○○が上手い！
良くできてるね	聴き上手　合わせ上手
見習うよ・見習わせて	話が分かりやすい
勉強になる	分析上手
参考になる	出すぎず、引っ込みすぎず

人間関係が良くなる潤滑用語（表情 良い方 トーンが大切）

頼りになる	場（空気）を読んで動く
仕事が出来るね	ポテンシャルが高い
頭がいいね	センスがいい
頭の回転が速い	バランスがいい
理解力がある	
気が利くね	**◆単純に褒める**
アイデアマン	最高
ボキャブラリー豊富	さすが　すごい
面白い	やるなぁ　やるねぇ
正義感が強い	やるなぁ　やるねぇ
勇気がある	強い
感受性が豊か	良い○○持ってる（してる）
情が深い	
協調性がある	
人の心が分かる	

人間関係が良くなる潤滑用語（表情 良い方 トーンが大切）

【　言われてうれしい言葉　】	
（私達）似てるね 似たもの同士 価値観、考え方が一緒 同郷ですね ごはん美味しいね 料理上手いね 美味しそうに食べるね 頑張ってるね ゆっくり休んでね わかりやすい 教えがいがある 育てがいがある よく知ってるね もっと聴きたい （あなたといると）元気が出る パワーをうつしてくれる	わかってくれてるね 空気が読める 空気読んでるね どこでも通用する なかなかいない（逸材） 人を動かす力がある 驚いた！（良いサプライズ） 感動した 大好き 愛してる 遊べる？（お誘い） いいね 嬉しい！ 幸せ！

人間関係が良くなる潤滑用語（表情 良い方 トーンが大切）

【　相手を立てる言葉　】	
◆あなたに	**◆あなたと**
やってほしい	もっと一緒にいたい
またお願いしたい	仕事がしたい
聴いてほしい	一緒に食べると美味しい
付いて行きたい	居ると力が沸く
助けてもらっている	居ると元気がもらえる
成功してほしい	
弟子入りしたい	**◆あなたが**
逢いたかった	いてくれたから頑張れた
教えて欲しい	いてくれて良かった
（どうやったの？）	いると安心する
	大事だから心配してる
◆あなたのおかげで	元気だと私も嬉しい
考えが広がった	大好き
気づきをもらえた	いないと始まらない
殻が破れた	
変われた	**◆あなたの**
	元で働きたい
◆あなた	そばにいたい
じゃないと意味がない	近くにいたい
だからこそ	真似してもいいですか？

人間関係が良くなる潤滑用語（表情 良い方 トーンが大切）

【　感謝の言葉　】

・ありがとう
・お疲れ様
・心よりお礼申し上げます
・感謝しております

◆感謝の言葉＋プラスの感情

助かるよ、ありがとう
いつも助かっています、ありがとうございます
勉強になりました、心よりお礼申し上げます
ほっとしたよ、本当にありがとう
癒された、感謝しています
今日も頑張ったね、お疲れ様でした
もう十分頑張ってる、ありがとう
よくやってるよ、お疲れ様
よくやってくれてるね、ありがとう
本当にありがたいわ、ありがとうね
元気をもらえた、ありがとう

<table>
<tr><th colspan="2">【 ○ 正しい謝り方 ○ 】</th></tr>
<tr><td>◆プライベート
私が悪かったわ　ごめんね
本当にごめんなさい

◆ビジネス
申し訳ありませんでした
お詫び申し上げます
ご迷惑をおかけしました</td><td>◆プラスすると良い言葉
感情的になってしまったの
つい言ってしまったの
考えずにしてしまったの
あの時はどうかしてたわ
後悔してるの
何度も謝りたい気持ちなの

◆クッション言葉
誠に心苦しいのですが
何を言ってもお詫びが足りる事はありませんが</td></tr>
<tr><th colspan="2">【 × 間違った謝り方 × 】</th></tr>
<tr><td colspan="2">◆間違った謝り方
すいません　・　すんません　・　すまん
わりぃわりぃ　・　ごめんごめん　（二度繰り返す）

悪いと思ってるよ　・　申し訳ないと思ってる
私の責任かなぁと思ってる　（思っているだけ？）</td></tr>
<tr><th colspan="2">【 子供を持つ親への褒め言葉 】</th></tr>
<tr><td>かわいい＋そっくり
かしこそう＋よく似てる
かっこいい＋遺伝ね
優しい子ね＋親譲りかしら
ママに似てよかったね
賢い子ね</td><td>将来が楽しみ
いい子に育ってる
育て方が良い
私も○○さんの元に産まれたい
あなたの子でこの子幸せね
ママ、頑張ってるね</td></tr>
</table>

※すべての言葉は、表情・声のトーンなど、言い方も大切です。

おわりに

今、あなたは、未来の理想のあなたへの道のりを歩んでいます。

もし、「未来の成長したあなたが目の前に舞い降りてきた」として、今のあなたにアドバイスしてくれるなら何と言ってくれるでしょうか?

私の未来の自分は、こんなふうに言ってくれます。

「よぅがんばってるなぁ。そんながんばってつらいやろ。でもなぁ、神様は見てくれてるよ」

「こんなにがんばってるあなたには、きっとご褒美があるよ」

「がんばりすぎずがんばりやぁ。きっと『あなたが望む結果』を得られるはずや」

「もっと楽に生きい。自分を大事にして、解放してあげて」

「気ぃ使って生き急いでいるように観えるよ。そんながんばりすぎたら持たないよ」

私は定期的に、ひとりで自分を見つめ直す時間を設けています。

つらいとき、悲しいとき、なかなか成果が出ないとき、それらを周りの人には分かってもらえないし、弱音を吐ける状態でもないとき。そんなときは、すごく受容的な「高山姉さん」に登場してもらって、いつも慰めてもらっているんです。

私の高山姉さんはよく私に手紙を書いてくれます。

高山姉さんは、私の気持ちがよくわかる。いつでも書いて欲しいことを書いてくれる。これ自分で書いているので、当たり前なんですけどね。

高山姉さんが書いてくれた手紙を、今の私、高山妹がじっくり読む。

じわりと泣けてきます。心に響きます。

「私、ずっとこういう人が欲しかったんだ……」「いてくれるだけで救われるんだ……」って思うんです。

他人の気持ちを全部わかろうなんて、親でも恋人でも無理です。そんな魔法使いみたいな人は残念ながら世の中にいません。

人に認めてもらうより、自分自身を自分で認めるほうが早いし、確実です。自分のつらいことや努力を一番知っているのは自分です。自分の欲しい言葉、元気になるキーワードも自分が一番知っているはずです。

だから、あなた自身が「自分姉さん」「自分兄さん」を自分自身で育てて、自分を癒してあげてください。

つらいときはたくさん泣きましょう。

あなたも、あなたの姉さん・兄さんにたっぷり泣かせてもらってください。

自分を思いっきり愛してあげてくださいね。

二〇年後のあなたの心の声も、今のあなたを励ますために語りかけています。

あなたにも、聴こえる日が訪れますように。

最後に、本書の執筆にあたって多くの人に助けられました。お力添えいただいたことに深く感謝しております。自分の頭と心の引き出しを、すべて聞いて、聞いて引き出してくれた小林由未子さん、二年越しで出版の機会をくださったビジネス社の唐津隆社長、そして私の活動を支えて応援してくださっているすべての方に心よりお礼申し上げます。
ありがとうございます。

高山綾子

Memo

Date . . No. .

Memo

Date . . No.

Memo

Date . . No.

Memo

Date . . No. .

Memo

Date . . No. .

Memo

Date . . No.

●著者略歴

高山綾子（たかやま・あやこ）

心理カウンセラー。

自分を認めてポジティブに生きる力、「自己承認力」を独自のカウンセリングメソッドとして説く。長所を自覚することでビジネスと人生を成功に導く方法を講演会やビジネスセミナーで紹介。二児の母。高級クラブのNo.1ホステス、生命保険会社での営業トップセールス実績をあげた後、カウンセラーへ転身。厳格すぎる両親から受けた幼少期の影響や20代に4度の手術で乗り越えたガンの経験を元に、より多くの人に毎日自分を大好きでいられるような生き方、考え方を伝えるべく邁進中！

HP：http://www.h-polish.com/

人生を戦うための武器の作り方

2012年10月20日　初版発行

著　者　高山綾子
発行者　唐津　隆
発行所　株式会社ビジネス社
〒162－0805　東京都新宿区矢来町114番地
神楽坂高橋ビル5F
電話　03－5227－1602　FAX 03－5227－1603
URL　http://www.business-sha.co.jp/

〈印刷・製本〉モリモト印刷株式会社
〈装丁〉常松靖史（チューン）
〈カバー写真〉高水秀人
〈本文イラスト〉森　海里
〈本文DTP〉茂呂田剛（エムアンドケイ）
〈編集〉本田朋子〈営業〉山口健志

ISBN978-4-8284-1683-0